La cocina de Angelita

Sana, Rica y Natural

Angela Beatriz Bianculli de Rodríguez

La cocina de Angelita

Sana, Rica y Natural

PRIMERA EDICIÓN

EDITORIAL
kiER

Desde 1907 un sello positivo
para un mundo que merece serlo

615.854   Angelita
ANG   La cocina de Angelita: sana, rica y natural.- 1º. ed.-
          Buenos Aires : Kier, 2003.
             304 p. ; 23x16 cm.- (Medicina)

             ISBN 950-17-1259-1

             I. Título - 1. Cocina Natural

Diseño de tapa:
Graciela Goldsmidt
Retoque de fotografías:
Pablo G. Croatto
Diagramación y composición tipográfica:
Edi-Ser
Corrección de pruebas:
Prof. Delia Arrizabalaga
Fotografías:
Isidoro Rubini
Ilustraciones:
Angela Beatriz Bianculli de Rodríguez
LIBRO DE EDICION ARGENTINA
Queda hecho el depósito que marca la ley 11.723
© 2003 by Editorial Kier S.A.
Av. Santa Fe 1260 (C 1059 ABT) Buenos Aires, Argentina.
Tel: (54-11) 4811-0507 - Fax: (54-11) 4811-3395
http://www.kier.com.ar - E-mail: info@kier.com.ar
Impreso en la Argentina
Printed in Argentina

*Y*o soy Angelita, una persona que por un problemita de salud, resuelto con una dieta naturista, aprendió a convertir la cocina tradicional en una cocina más sana y natural. A través de mi experiencia, comprendí la importancia de transmitir estos conocimientos y es precisamente lo que he intentado a través de este, mi primer libro, que ahora reedito, ampliado y actualizado.

Con una dieta natural, equilibrada, desintoxicante, fibrosa, los beneficios se manifestarán enseguida. Tendremos mejor digestión, un buen funcionamiento intestinal, rendiremos mejor física y mentalmente, luciremos una hermosa piel, y si acompañamos todo esto con pensamientos positivos, crearemos a nuestro alrededor un clima de armonía, amor, paz y salud.

Usaremos en nuestras recetas todos los cereales integrales, legumbres, frutas frescas, secas y desecadas, verduras de estación y algas. En cambio, no utilizaremos azúcar ni harinas refinadas, por considerarlos alimentos desvitalizados –sin vida–, que contribuirán a crear adiposidades y no beneficiarían para nada nuestra salud.

Endulzaremos naturalmente con miel en poca cantidad, o aprovecharemos el dulzor de las frutas, para hacer postres y mermeladas. Tampoco usaremos grasas animales ni hidrogenadas, sino que recurriremos a los aceites vegetales, aceitunas, nueces, etc.

Les enseñaré a cocinar sin carne, dejando a criterio de cada uno su consumición, que siempre deberá ser limitada. Para sustituirla, tendremos en cuenta las legumbres, las frutas secas, algo de lácteos y huevos caseros. No emplearemos enlatados ni productos que contengan aditivos químicos, saborizantes, edulcorantes artificiales, etc., y trataremos de tomar concien cia de los riesgos que implican los cócteles de sustancias químicas que se incorporan a los alimentos.

Esta forma de cocinar que hoy les propongo es muy sencilla, por eso, y, a pesar de que vamos a hacer todo en casa, no nos llevará mucho tiempo más del que antes empleábamos. Los platos así preparados pueden ser consumidos por toda la familia, desde el bebé hasta el abuelito. Y eso simplifica aún más la tarea.

Sólo me queda por decirles muchas gracias, y desear de todo corazón que este libro contribuya a crear un mundo más armonioso y feliz...

PRÓLOGO A LA NUEVA EDICIÓN

Han pasado muchos años desde el día en que me sentí feliz frente al primer grupo de personas al que, con todo entusiasmo y hasta "fanatismo", transmitía lo que consideraba –y considero– una manera más sana y natural de alimentarnos.

Reflexionando sobre esto, recibo imágenes de esos primeros pasos, cuando advertí que había encontrado mi vocación. Ya en varias oportunidades anteriores en medio de una vida feliz y armoniosa, dedicada a mi hogar y a mis hijos, muy en lo profundo, pude percibir que algo debía hacer, que debía dar más...

Así fue como nació todo este trabajo: las charlas, los cursos, luego "La Esquina de las Flores", donde pareció concretarse un sueño; el primer libro, los programas de radio y televisión, los viajes a distintos lugares del país, las conferencias. Todo fue conformando una actividad muy intensa.

Pero en este "hacer camino al andar...", la vida me fue mostrando cosas, momentos dichosos, tristezas enormes. Había comprendido que la salud física depende, en gran medida, de una mejor nutrición; había comprobado que, emocionalmente, estamos más equilibrados, cuando a nuestro cuerpo se lo trata con amor y respeto. Pero ¿cómo aceptar sin rebelarnos, los sufrimientos profundos? Aquí intuí que nadie que hablara desde el punto de vista material podría dar la respuesta. En esa búsqueda se fueron acercando personas, lecturas, etc., que poco a poco, me hicieron ver con los "ojos del alma", que la paz está dentro de nosotros; que, a pesar de las circunstancias externas, podemos estar bien y que, aun estas circunstancias que muchas veces quizás no entendamos, tienen su razón de ser.

Nada es en vano. Todo este aprendizaje nos va cambiando, nos va volviendo "adultos". Nos va mostrando que no puede haber un estado de alegría y de paz profunda, mientras no nos reconozcamos como parte de esa Fuente que permanentemente va derramando Luz sobre nosotros; que hay Leyes Superiores que rigen el universo y a nosotros mismos como parte de él; y que todo está bien y es perfecto, cuando, con entrega y amor, per-

cibimos que somos tan importantes para Dios como una estrella, un pája-
ro o una flor...

Por toda esta maravilla indescriptible que siento dentro de nosotros
(de ti y de mí), es que en esta nueva entrega de aquel primer trabajo, me
atrevo a hacerte llegar junto con las recetas fáciles, económicas, sencillas,
sanas y ricas –que mejorarán tu cuerpo–, con una información nutricio-
nal básica, también mensajes espirituales, que nos elevan a ese lugar don-
de sólo existen la Verdad, el Amor, la Paz y la Luz...

Gracias

QUÉ ES LA ALIMENTACIÓN NATURAL

*L*a alimentación natural consiste, simplemente, en ingerir los alimentos tal como nos los proporciona la Naturaleza, con el objetivo de mantener o recuperar la salud.

Antiguamente, todos los hombres practicaban una alimentación natural, por cuanto no se usaban entonces las elaboraciones industriales, los mejoradores, conservadores, colorantes ni otros tipos de aditivos químicos. Los hábitos alimenticios, por otra parte, eran guiados sólo por las necesidades instintivas del cuerpo.

Pero ¿por qué es tan importante la alimentación natural? Diversos estudios demostraron que los organismos que se alimentan desequilibradamente están muchísimo más predispuestos a contraer todo tipo de enfermedades, aun las más graves. Y el hombre moderno, por desgracia, come absolutamente mal. La cantidad de enfermos deberá hacernos ver hasta qué punto resulta imprescindible cambiar con urgencia nuestra forma de alimentarnos.

Si se desea conseguir y mantener una buena salud, la alimentación debe cumplir dos funciones distintas: proporcionar un máximo de energía con un esfuerzo mínimo de asimilación, y permitir que el cuerpo elimine de manera adecuada sus residuos. Todo elemento que el organismo no sea capaz de convertir fácilmente en energía vital, debe considerarse inútil e incluso nocivo.

El mundo actual presenta dos fenómenos característicos. Por un lado, la contaminación y degradación biológica de los alimentos (por los productos químicos y la refrigeración); por el otro, el sedentarismo y la pérdida del instinto selectivo del hombre, con hábitos alimenticios impuestos por la sociedad de consumo, cuyos resultados nocivos son evidentes. Ante ese panorama, parece no haber otro camino que el del retorno a la naturaleza. Sin embargo, teniendo en cuenta los condicionamientos de la vida cotidiana, *la adopción de un sistema de alimentación natural sólo será posible si se cumplen un par de requisitos básicos. Uno es la factibilidad o posibilidad de seguirlo regularmente, y el otro es que resulte agradable al gusto. Cada persona elegirá entonces –de acuerdo con sus características individuales– cualquiera de las diversas tendencias dietéticas que forman parte de la alimentación natural.*

PROPIEDADES DE LAS VERDURAS

Ajo: *por excelencia, es un purificador de la sangre. Estimula la digestión y es, además, un excelente diurético. Aliado fundamental de la salud, que no debe faltar en ninguna dieta.*

Alfalfa: *muy rica en vitamina K. En consecuencia, es un poderoso coagulante sanguíneo.*

Apio: *debe comerse crudo, para que no pierda su eficacia. Las hojas verdes contienen insulina A su vez, en el tallo hay cantidades enormes de sodio orgánico, que ayuda a eliminar los depósitos de calcio. El apio colabora, además, en la recuperación de glóbulos rojos.*

Batata: *aunque tiene un 20% más de hidratos de carbono que la papa, en algunos casos resulta más recomendable. Tiene menos potasio que la papa, pero más sodio, calcio, silicona y cloro.*

Brócoli: *purificador y adelgazante. Cortado en juliana, resulta muy agradable para las ensaladas. Si se lo cocina excesivamente, pierde su mayor propiedad, que es su elevado contenido de azufre.*

Calabaza: *es diurética pero no irrita los riñones. Además, es deliciosa, si se la come cruda, rallada.*

Cebolla: *muy rica en hidratos de carbono, fósforo, potasio y hierro. Es más eficaz cuando se la come cruda.*

Coliflor: *rica en proteínas y fósforo. Al igual que el ajo y el repollo, son verduras insustituibles en la cocina natural. Uno de los mejores remedios naturales para las afecciones gástricas.*

Espinaca: *alimento muy nutritivo para el organismo, por sus componentes vitamínicos tan complejos y equilibrados. Estimula la acción intestinal. Las espinacas crudas resultan deliciosas en forma de ensalada o combinadas con otras hortalizas.*

Hinojo: *estimula la digestión y tiene una gran función diurética natural.*

Lechuga: en una lechuga bien cultivada, se encuentran prácticamente todas las variedades vitamínicas necesarias. Estimula el metabolismo y ayuda al proceso digestivo.

Papa: se puede emplear cruda como emplasto o cataplasma para las infecciones cutáneas, mordeduras de insectos, etc. Cocinada, aumenta algunos de sus contenidos, como por ejemplo, los hidratos de carbono. Por ese motivo hay que comerla con discreción y balancearla correctamente en las dietas.

Pepino: buen tonificante del hígado. Es también útil para las uñas y el pelo. La piel no debe comerse si el pepino no ha sido cultivado orgánicamente.

Perejil: al igual que la zanahoria, mejora notablemente la visión. Estimula la digestión y regula la actividad biliar.

Pimiento: como tiene mucha vitamina C, es excelente para el pelo, las uñas y la piel.

Puerro: estimula el páncreas, purifica el organismo y, además, contribuye a vigorizar los músculos cuando estos se encuentran sobrecargados.

Remolacha: purificador de las vías biliares; favorece la producción de glóbulos rojos. En algunos casos, se recomienda como regularizador de las menstruaciones.

Zanahoria: purifica las impurezas de las vías biliares y de las materias muertas que se adhieren al hígado. Según algunos investigadores, la zanahoria cruda contiene toda la gama de vitaminas que necesita el organismo.

LA SOJA

*L*a soja es una legumbre nutritiva, que contiene un alto porcentaje *de proteínas (35%) de alta calidad, las cuales poseen todos los aminoácidos esenciales.*

A igual peso, la soja tiene el doble de proteínas que la carne, cuatro veces las proteínas de los huevos y doce veces las proteínas de la leche. También posee un 18% de grasas no saturadas, vitaminas A, E, F y grupo B (tianina, riboflavina y niacina), así como gran cantidad de minerales: fósforo, calcio, magnesio, hierro y cobre.

Es una de las fuentes más ricas en lecitina, imprescindible para las células vivas, ya que emulsiona el colesterol y ayuda a la asimilación de las vitaminas. Contiene Omega 3 y Omega 6.

Los nutrientes presentes en las semillas de soja actúan mejorando el sistema circulatorio y nervioso. Su alto porcentaje de fibras previene el estreñimiento y es ideal en las dietas sin gluten (celíacos, alérgicos, etc.), para los regímenes bajos en calorías y para diabéticos.

Toda una cultura gastronómica gira en torno a unos pocos platos basados en carnes de diferentes clases, leche y sus derivados, etc., pero hoy en día, muchas personas buscan cambios; las razones son variadas, destacándose los problemas de salud, principios filosóficos y económicos. De esta manera, la alimentación natural les ofrece un sinnúmero de posibilidades.

Aquí entra en escena la soja, una leguminosa de tanta ductilidad que permite la elaboración de numerosos y variados platos.

Diferentes Presentaciones de la Soja

- *Harina de soja*
- *Harina de soja tostada*
- *Porotos de soja*

- *Leche de soja*
- *Yogur de soja*
- *Queso de soja (Tofu)*
- *Salsa de soja*
- *Brotes o germinaciones de soja*

COCCION DE LA SOJA

1 • Remojar los porotos de soja en agua caliente durante 8 horas.

2 • Cambiar el agua de remojo y llevar a hervir a fuego lento hasta que estén tiernos (1 hora aproximadamente)

Para tomar nota

Si su problema es la falta de tiempo o el gasto de energía para la cocción, tenga en cuenta que, en la medida en que usted tritura los porotos, el tiempo de cocción disminuye.

De esta forma, los porotos ligeramente triturados tardan la mitad de lo que demoran los porotos enteros, es decir, sólo media hora. Si se los licuas, el tiempo de cocción disminuye a apenas 15 minutos (recordamos que siempre estamos haciendo referencia a los porotos previamente remojados).

Sugerencias para triturar la soja

Para triturar o procesar la soja podemos utilizar distintos elementos: Procesadora, licuadora, mortero, palo de amasar*, piedra*, botella*.

*Colocando los porotos de soja dentro de una bolsita de nylon.

LOS CEREALES INTEGRALES

*E*stán presentes en ellos las proteínas, los carbohidratos, grasas, vitaminas, minerales y distintos elementos que varían según el tipo de plantas. Lamentablemente, esta fuente alimenticia, tan preciada por nuestros antepasados, en nuestros días se ve destruida en gran parte por la tecnología moderna, con los sofisticados sistemas de refinación, donde se pierden minerales como el magnesio, el calcio y el hierro. Estos son minerales que abundan en las semillas integrales, junto con el fósforo, potasio, azufre, cinc, cobre, cobalto y sodio. En cuanto a las vitaminas, encontramos las del grupo B, E y F. Entre los ácidos grasos no saturados, destacamos la lecitina, muy necesaria como emulsionante de grasas, porque impide la formación de depósitos nocivos en las paredes de los vasos sanguíneos. También aportan proteínas y enzimas, que ayudan a la digestión.

Por todo lo expuesto, **consumamos cereales sin refinar**.

Y recordemos que nunca se debe desechar el agua del hervor de los cereales, ya que con ella tiramos también sustancias importantes para nuestra nutrición.

Arroz

Es el cereal más equilibrado y uno de los alimentos básicos de la mayor parte del mundo.

Se debería consumir únicamente el integral, por su contenido de vitaminas del grupo B, proteínas y minerales (fósforo, magnesio, potasio, sodio, calcio y silicio).

El arroz es la base de platos variados: risoto, guisados, sopas, ensaladas, postres, etc.

Puede guardarse en la heladera, varios días.

Avena

Cereal que presenta excelentes elementos nutritivos para mantener en condiciones saludables nuestros nervios y tejidos.

Contiene tantas proteínas como el trigo y una cantidad mayor de grasa y calcio. Es rica en carbohidratos, hierro, fósforo, vitaminas del grupo B y E. Es buena fuente de yodo, cobre y silicio.

Por ser muy fibrosa, es ideal en dietas de personas estreñidas, enfermos con colesterol o triglicéridos altos o con problemas cardiovasculares. Se dice que ayuda a combatir el insomnio.

Avena Arrollada

Es la forma de avena más utilizada (en láminas). Podemos emplearla en sopas, desayunos, agregarla a panes o postres. El tiempo de cocción es de 10 a 20 minutos, pero si lo remojamos unas horas antes, puede consumirse cruda o cocinarse unos minutos.

Podemos convertirla en harina, licuándola en seco.

Avena en Grano

Los granos de avena integral se cocinan media hora, aproximadamente. Se emplean en guisos, potajes, etc., o en postres, combinándolos con frutas.

Salvado de Avena

Muy indicado para combatir el colesterol. Se puede consumir, espolvoreado sobre sopas, guisos, ensaladas, leche, etc., una o dos cucharadas diarias.

Máscara de Belleza

Harina de avena, 3 cucharadas; aceite de oliva, 2 cucharadas; agua de rosas o mineral, 3 cucharadas. Preparar una pasta y cubrir con ella cara y cuello. Cerramos los ojos y nos regalamos diez minutos de paz y pensamientos gratos. Luego, enjuagar con agua tibia, y...¡a lucir hermosas!

Cebada

Desde tiempos remotos, la cebada tiene fama de alimento fortalecedor.

Contiene proteínas, azúcares naturales, fécula, grasa, calcio, hierro, fosfato de cal, vitaminas del grupo B y gluten.

Su sabor la hace muy indicada para la preparación de variadísimos platos: sopas, guisos, etc.

Harina de Cebada

Se usa en panificados, mezclada con harina de trigo; los panes que se obtienen son de delicado sabor.

Cebada Tostada

Bebida fortificante que se usa en lugar del café.

Hervir durante unos segundos tres cucharadas por litro de agua. Luego colar.

Centeno

El centeno es un cereal rico en vitamina E. Por lo tanto, muy indicado para fortalecer el corazón, los músculos y el aparato reproductivo. Contiene minerales como el fósforo, magnesio y silicio, y ácidos grasos no saturados.

Rusia, Polonia, Alemania y países escandinavos lo han consumido durante siglos, en desayunos y panes, que han sido fuente de vigor y vitalidad para sus habitantes.

Si usted quiere adelgazar, consuma centeno en lugar de trigo, pues tiene menos calorías y mayor poder de saciedad.

Además, contiene rutina (vigorizador de capilares sanguíneos), cuya inclusión en la dieta, beneficia las afecciones circulatorias.

Harina de Centeno

Se utiliza para la elaboración de todo tipo de panificados.

De color marrón, resulta más húmedo y pesado que el pan de trigo integral. pero es de muy buen sabor, fácil de digerir y de mayor conservación (dura fresco más tiempo).

Maíz

Se supone que este cereal es originario de América Central. Ya lo cultivaban los mayas, incas y aztecas, que veneraban esta planta como a un dios.

En las regiones más pobres del mundo, tiene gran importancia económica, ya que en la misma extensión de terreno, el maíz rinde tres veces más que el trigo.

Elementos nutritivos: proteínas, vitaminas A, B y E, ácidos grasos no saturados, minerales (hierro, fósforo y magnesio).

Grano Partido

En sus variedades blanco y colorado, podemos usarlo en locros, guisos, como relleno de vegetales, etc.

Conviene remojarlos la noche anterior y cocinarlos en la misma agua de remojo, alrededor de una hora.

Harina de Maíz

No sólo podemos preparar con ella una deliciosa polenta, sino también panes, galletitas, flanes, panqueques, etc.

Mijo

Cereal por excelencia, ya que es el más nutritivo de todos, más rico que los demás en contenido vitamínico, mineral y graso y con muy buena cantidad de carbohidratos. Contiene los diez aminoácidos esenciales, lecitina y colina y vitaminas del grupo A, B y C. También tiene más minerales que el resto de los cereales: potasio, sodio, calcio, magnesio, hierro y flúor.

Para mantener nuestra salud, conviene incluir en nuestra dieta este cereal, que es de muy fácil digestión y sabor muy agradable, y permite las más variadas preparaciones culinarias.

Puede utilizarse como relleno de vegetales, base de tartas, croquetas, etc. También podemos agregarlo a las sopas. Delicioso en el desayuno, acompañado con frutas y miel.

Quinoa

Se trata de una pequeña semilla, cuyo sabor recuerda el del arroz integral, pero de cuerpo más suave y con una riqueza en proteínas sin igual en el mundo de los cereales.

Su valor como alimento es muy elevado, al extremo de que se lo considera el vegetal que más se aproxima al esquema de alimento ideal que se utiliza internacionalmente (FAO) para medir la calidad nutritiva.

Es de bajo contenido en azúcar y almidón y, al mismo tiempo, rico en fibras y en grasas no saturadas; contiene, además, fósforo, hierro, calcio y vitaminas.

Trigo

De todos los cereales es el más utilizado para elaborar panificados en general. Si quiere recibir el beneficio que estos nutrientes aportarán a su salud, consuma trigo integral y panes de harina integral, no panes de harina blanca con salvado y colorantes, como suelen venderse. Es importante asegurarse de que el pan que usted consume sea pan natural e integral, sin aditivos ni colorantes.

Trigo Entero
Se usa en la elaboración de locros, potajes, guisos y también en preparaciones dulces con miel o frutas.

Harina de Trigo
Para la elaboración de tortas, tartas, empanadas, pizzas, bizcochuelos, galletitas y panificados en general.

Germen de Trigo
Ideal como suplemento nutricional.
Muy rico en vitamina E (antiestéril y antioxidante). Conviene consumirlo crudo (debe guardarse en la heladera).
Agregarlo en el desayuno o en las ensaladas o sopas, en la cantidad de una cucharada por día.

Salvado de Trigo
Ideal para combatir el estreñimiento, por su altísimo contenido en fibras.
Para la belleza de su piel, colocar dentro de una tela liviana unas cucharadas de salvado. Atar o coser la tela para formar una bolsita y usar esta en el baño diario, para frotar nuestra piel. La dejará suave como la de un bebé.

Trigo Burgol
Es un trigo partido, que se utiliza mucho en la cocina árabe.
Por su fácil cocción, resulta muy práctico en la elaboración de budines, patés, sopas, etc.
Podemos usarlo sin cocinar, previo remojo durante una hora o más (así, resulta ideal para ensaladas).

Trigo Sarraceno

Entre sus principales peculiaridades, se destacan el contenido y calidad de sus proteínas, las cuales son consideradas como unas de las de mayor valor biológico del reino vegetal.

No contiene gluten, de modo que es apto para personas celíacas.

Por sus cualidades, es muy recomendado para las enfermedades cardiovasculares.

Se utiliza en guisos, sopas, como componente en granolas, como harina para fideos, en panificados, etc.

COCCIÓN DE LOS CEREALES

CEREAL	REMOJAR	CANTIDADES	COCCIÓN
Arroz integral	No	1 medida de arroz por 2 de agua	Llevar a fuego hasta que hierva. Bajar la llama a mínimo y tapar. Continuar con la cocción por unos 30 minutos, hasta que absorba todo el líquido
Avena arrollada	No	Para sopa, 1 ó 2 cucharadas por plato	Incorporar, en el agua hirviendo, la avena en forma de lluvia. Cocinar a fuego mínimo de 10 a 20 minutos
Avena pelada en granos	1 hora	1 medida de avena por 3 de agua	Cocinar durante 30 minutos.
Cebada perlada	1 hora	1 medida de cebada por 4 de agua	Cocinar en la misma agua de remojo durante 1 hora aproximadamente
Harina de arroz	No	Para sopa, 1 ó 2 cucharadas por plato	Llevar a fuego mínimo y sobre difusor de 10 a 20 minutos, revolviendo siempre con cuchara de madera.
Harina de maíz (para preparar polenta)	No	1 medida de harina por 3 de agua	Hidratar en parte del agua (para que no se formen grumos). Llevar el resto del agua al fuego con unos granos de sal y un chorrito de aceite. Cuando rompa el hervor, incorporar la harina remojada, bajar la llama a mínimo y revolver con cuchara de madera hasta que vuelva a hervir. Tapar y cocinar a fuego muy lento, 30 minutos.

Maíz entero	*8 horas*	*1 medida de maíz por 4 de agua*	*Cocinar por espacio de 1 hora, como mínimo.*
Maíz partido	*8 horas*	*1 medida de maíz por 4 de agua*	*Cocinar por espacio de 1 hora, como mínimo.*
Mijo pelado	*No*	*1 medida de mijo por 2 y 1/2 de agua*	*Llevar el agua al fuego. Cuando rompe el hervor, incorporar el mijo en forma de lluvia, revolviendo con cuchara de madera. Bajar a mínimo, tapar y dejar absorber toda el agua.*
Quinoa	*No*	*1 medida de quinoa por 2 de agua*	*Llevar el agua al fuego. Cuando rompe el hervor, incorporar la quinoa en forma de lluvia, revolviendo con cuchara de madera. Bajar a mínimo, tapar y dejar absorber toda el agua.*
Trigo burgol	*No*	*1 medida de trigo por 2 y 1/2 de agua*	*Este cereal tiene un proceso de precocido, por lo tanto, puede comerse crudo, remojándolo 1 ó 2 horas, o cocinarse durante 15 minutos.*
Trigo integral	*2 horas*	*1 medida de trigo por 3 de agua*	*Hervir en la misma agua de remojo, con cacerola tapada. Bajar la llama a mínimo y continuar cocinando por una hora, agregando más agua si fuere necesario.*
Trigo sarraceno	*No*	*1 medida de trigo por 2 de agua*	*Untar una cacerola con aceite y tostar el trigo. Agregar el agua hirviendo y tapar. Bajar el fuego y cocinar hasta que absorba toda el agua.*

¿ES NECESARIO COMER CARNES?

*D*emostraciones científicas muestran que diversas afecciones como apendicitis, estreñimiento, diverticulosis, hemorroides, cáncer de recto y de colon, obesidad, etc., están relacionadas con la ingesta abusiva de alimentos cárneos.

Un criterio muy arraigado en los países ganaderos nos lleva a creer que, a mayor ingesta de carne, mayor aporte de proteínas y mejor salud, pero esto no es tan así y conlleva riesgos.

Por eso, incluso en estos países, día a día vemos cómo el hombre tiende a hacer una dieta más natural; indudablemente, nuestra evolución se manifiesta en estos cambios.

Mientras que antiguamente se sostenía que las únicas proteínas completas eran las de las carnes y derivados, en recientes encuestas −como la del American Journal of Medicine y la de la Academia Nacional de Estados Unidos− y foros internacionales −por ejemplo el Congreso Mundial de Italia en 1986− llegaron a la conclusión de que las dietas con alto contenido de grasas animales desencadenan la mayor parte de los cánceres humanos. Por eso se recomienda el consumo de fibras y vegetales ricos en vitaminas A, C y E, para prevenirlo. Además, se sabe que la ingesta habitual de fibras (cereales, legumbres, frutas y verduras) previenen −entre otras enfermedades− las cardiovasculares, asegurando que la mayoría de las alteraciones cardíacas podrían ser evitadas. Por su parte, se le atribuye a la carne, ser causa principal de gota, arteriosclerosis, estreñimientos, etc.

Los hidratos de carbono en una persona normal pueden almacenarse en el hígado, en forma de glucógeno (reserva energética) o ser transformados en grasa; siempre nos referimos a los hidratos de carbono no refinados, que no han sido desvitalizados por la industria: cereales integrales, papas, mandioca, frutas, etc. En cambio, las proteínas no se pueden almacenar y el exceso debe ser eliminado. Estos residuos de las proteínas están constituidos por ácidos (úrico, fosfórico, sulfúrico) y otras sustancias tóxicas.

Los frutos, verduras, cereales y legumbres combinados adecuada-

mente aportan todos los aminoácidos esenciales, manteniendo el cuerpo liberado de tantos tóxicos, influyendo directamente en la salud física, psíquica y mental, y a la vez, armonizando al hombre con la Naturaleza.

Si sumamos a todas estas razones, otras filosóficas más profundas que nos hablan de "no matar", seguro que adheriremos con entusiasmo a esta "Alimentación Natural" que nos permitirá vivir en un estado de mejor salud y armonía.

Tal cambio de hábitos nos lleva a un aumento de nuestra receptividad y a una comprensión mayor e integral del papel del hombre en el Universo.

Y cuando el hombre percibe determinadas realidades, trata en lo posible de no dañar, cuidando su cuerpo porque es el Templo del Alma y respetando la vida de los animales, no matándolos para comerlos sino ayudándolos a evolucionar.

LOS PRINCIPIOS NUTRIENTES

La nutrición es la función fundamental de la vida física, la primera función de los seres vivos. Consiste en tomar materiales y energías del medio exterior, transformarlos, asimilarlos –convirtiéndolos en sustancia viva propia– y eliminar los residuos no aprovechables.

Basando la nutrición en una alimentación adecuada, pueden quedar satisfechas las necesidades restauradoras y funcionales del organismo, ya que los tejidos de este se componen de un 70 % de agua, un 16 % de albúminas, 11 % de sustancias grasas y un 3 % aproximadamente, de elementos minerales, además de su riqueza variable en hidratos de carbono y vitaminas.

Para que la alimentación humana sea completa, entonces, tienen que forman parte de ella, sustancias proteicas –proteínas–, sustancias grasas, hidratos de carbono, sales minerales, vitaminas, fermentos y agua. Algunas de estas sustancias pueden dejar de ser ingeridas, puesto que el organismo tiene la posibilidad de transformar unas en otras (por ejemplo, los hidratos de carbono que no se consumen se transforman en grasas); sin embargo, otras sustancias no tienen sustitución posible, y son absolutamente necesarias porque sin ellas no se puede vivir.

Proteínas

Las sustancias proteicas o albuminoides son alimentos de construcción orgánica. Estos compuestos carboxihidronitrogenados forman la sustancia fundamental de la materia viva. Precisamente por esto, se los ha llamado proteicos o proteínas. Los últimos estudios científicos han determinado que las moléculas de los albuminoides están integradas por grupos aminoácidos. Se dice que nuestro organismo no puede sintetizar los aminoácidos esenciales y que, por lo tanto, es necesario consumir los que provienen de las proteínas concentradas. Sin embargo, en años recientes se demostró, científicamente, que los aminoácidos pueden obtenerse también mediante una adecuada combinación de cereales y legumbres, que actúan en forma complementaria. Esto significa que se pueden consumir proteínas completas aun con una dieta vegetariana estricta. Las proteínas se desgastan poco y, por lo tanto, el organismo requiere pocas. Para lograr una correcta nutrición, hacen falta tan sólo alrededor de 50 gramos diarios de proteínas. Hay que tener en cuenta que el organismo no está capacitado para retener proteínas sin asimilarlas, y entonces se ve obligado a transformar el sobrante en azúcar y grasa; por eso, debe evitarse su consumo en exceso.

Son alimentos ricos en proteínas: huevos, leche, soja, lentejas, habas, garbanzos, nueces, almendras, avellanas, maníes y la papa.

Hidratos de carbono

Son alimentos de función (trabajo y calor), es decir, el combustible del organismo, razón por la cual se necesitan en mayor cantidad. Son principios ternarios oxihidrocarbonados, en los que el oxígeno y el hidrógeno guardan las mismas proporciones que en el agua. Según sus funciones, los carbohidratos reciben distintos nombres: monosacáridos o glucosas (azúcares), disacáridos, trisacáridos, cetoexosas o fructosas, polisacáridos (aquí está incluido el almidón o fécula).

Los almidones son la base de la alimentación hidrocarbonada y constituyen, junto con los azúcares, el elemento nutritivo fundamental para el trabajo muscular. Se los encuentra en las semillas y en las raíces de las plantas; la mayor parte del contenido del arroz, de las legumbres, papas, pan y cereales, son almidones.

Todos los hidratos de carbono necesarios para nuestra alimentación se encuentran en el reino vegetal, pero hay que tener en cuenta que el organismo necesita de estos elementos, en una proporción mayor que los restantes principios alimenticios.

Al mismo tiempo, debe evitarse su exceso, por cuanto los hidratos son rete-

nidos por el organismo, en el hígado bajo la forma de glucógeno, y en la piel y vísceras, en forma de grasa.

El pan, los cereales, las legumbres, harinas en general y pastas son ricos en hidratos de carbono, pero escasos en calcio, sodio, hierro y vitaminas A y B, por lo que se hace necesario completar la dieta con frutas y hortalizas. Alimentos ricos en carbohidratos son: pan, trigo, avena, maíz, papas, lentejas, habas, garbanzos, zanahorias, remolachas, bananas, miel, uvas, manzanas, duraznos, etc.

Vitaminas

Su papel fisiológico es tan importante como el de los minerales, y su acción está íntimamente ligada a la de estos y a la función de las glándulas endocrinas. Se encuentran muy difundidas en el reino vegetal, sobre todo en los granos y semillas, frutas, hojas y tallos tiernos, como también en los productos derivados de animales vivos: huevos, leche, queso, miel, etc. La cocción de los alimentos destruye una gran parte y, a veces, la totalidad de las vitaminas presentes en estos.

Grasas

Las grasas son alimentos de función, especialmente de calorificación. Es decir, son los principios alimenticios que mayor cantidad de calor proporcionan al organismo como consecuencia de su combustión. Pero también hay que recordar que la grasa –después de las comidas– entra en la sangre en grandes cantidades, sin que el organismo las retenga previamente, como sucede con los demás alimentos.

Las grasas naturales pueden clasificarse en: aceites, mantecas y sebos. Los aceites son grasas líquidas, incoloras o viscosas, que se extraen de diversas semillas o frutos, por compresión. Entre los comestibles están los de oliva, almendras, maní, uva, girasol, etc. Las mantecas, por su parte, son grasas sólidas blandas, de origen animal o vegetal. Los sebos no se emplean como alimento.

Las grasas son menos indigestas cuanto menor sea el punto de fusión, por eso, el aceite crudo es el tipo graso menos perjudicial.

Sales minerales

Tienen una importancia fundamental en la nutrición. Las sales minerales son alimentos de regulación y equilibrio fisiológico, fundamentales para la nutrición celular y la constitución del esqueleto.

En la actualidad, hay una generalizada desmineralización, producto de una alimentación insuficiente para satisfacer las necesidades del cuerpo en cuanto a las sustancias minerales. A fin de que puedan ser asimilables y por lo tanto, cumplan con sus funciones, estas sales tiene que ingerirse en "combinación orgánica vitalizada", es decir, en la unión íntima con que estas sales se encuentran en los alimentos, y no como las sales elaboradas en los laboratorios. En este sentido, el doctor Carracido –citado por el doctor Eduardo Alfonso– afirma que la "combinación que las plantas realizan de las sales minerales del suelo, con las albúminas vegetales, constituyen la única forma en que el organismo animal asimile dichas sales".

Las sales minerales se encuentran en todos los alimentos del reino vegetal, en los derivados animales y en el agua. Pero los mejores elementos de mineralización orgánica se hallan en frutas dulces, verduras verdes, hortalizas de color (zanahorias, remolachas, ajíes), cutículas de los cereales, pan integral, yemas de huevo y leche.

Si bien el organismo necesita una diversidad de compuestos salinos, requiere especialmente sales de calcio, sodio, potasio, magnesio, fósforo y hierro.

Calcio: *una alimentación insuficiente en sales de calcio obliga al organismo a tomar el calcio de los huesos, dientes, etc. Esto deben tenerlo en cuenta especialmente las mujeres embarazadas, en quienes aumenta el consumo de calcio. Estas sales son benéficas para contrarrestar enfermedades tan diversas como inflamaciones de toda clase, excitabilidad nerviosa, artritis, gota, debilidad cardíaca, eccemas, hipertensión, dolores de cabeza, urticarias, etc. Los alimentos más ricos en sales de calcio son: espinacas, lechuga* *y demás verduras verdes de hoja, crucíferas (repollo, brócoli, etc.), leche, queso y manteca; frutas frescas y zanahorias. Los niños pequeños que, después del destete, suelen ser alimentados con harina –pobres en cal– deben completar su dieta con algunos de los alimentos mencionados.*

Sodio*: se ingiere habitualmente en forma de cloruro sódico, sustancia que está presente tanto en algunos vegetales como en lo que se denomina "sal común". La cantidad de sal que debe ingerirse diariamente para satisfacer el organismo, no excede los 10 gramos. Sin embargo, hay que tener en cuenta que las sales industriales y farmacéuticas, o las excesivamente refinadas, no aportan nada al organismo; por eso, es conveniente usar sal marina.*

Potasio y Magnesio*: estas sales también tienen influencia en las funciones vitales, y se encuentran en cantidades suficientes en una alimentación vegetariana normal, especialmente en las papas.*

Fósforo*: elemento fundamental en la construcción de los núcleos de las células, del sistema nervioso y de los huesos. Se ingiere en forma de fosfatos, proporcionados principalmente por: cebada, espinaca, avena, papas, arroz, nueces, avellanas y algunos alimentos de origen animal, como la yema de huevo o la leche de vaca.*

Hierro*: mineral de excepcional importancia, dado que forma parte de la hemoglobina de la sangre, que se destruye constantemente. El alimento que más hierro contiene es la espinaca, y en orden decrecientes, lechuga, acelga, pepinos, habas y demás vegetales verdes.*

LAS ENZIMAS

¿Qué son las enzimas?

Son sustancias orgánicas complejas que promueven cambios químicos, sin gastarse o consumirse durante su trabajo.

La palabra enzima deriva del griego y significa "en fermentación".

¿Qué función cumplen?

Controlan las reacciones químicas mediante las cuales los alimentos pasan por los procesos de digestión, absorción y metabolización. También controlan la energía física y mental utilizada por el organismo. Casi todas las reacciones metabólicas del organismo se producen gracias a las enzimas, que ejercen un efecto sobre las sustancias, combinándose con ellas y activándolas de modo que estas sufran un nuevo cambio químico.

En todo este proceso, la enzima no se consume y está lista para actuar sobre otra sustancia.

Dado que la activación de las enzimas sobre las sustancias es muy rápida, sólo son necesarias pocas cantidades de enzimas. La mayoría de ellas sólo actúan sobre un tipo de sustancia. Otras son menos específicas, pero aun en estos casos, reaccionan sobre sustancias químicamente afines.

Son inestables, pues las altas temperaturas o las sustancias químicas pueden fácilmente destruirlas o inactivarlas. Por ello, es vital consumir alimentos crudos, no cocidos y frescos, para obtener enzimas exógenas. Cuando el organismo elabora enzimas dentro de las células (donde desarrollan su tarea), se denominan endógenas.

¿Cómo trabajan?

Por ejemplo, una sustancia alimenticia determinada, ya en la boca, se convierte el almidón en azúcar; una vez en el estómago y en el intestino, una molécula de enzima invertasa puede descomponer un millón de *veces su propio peso de sacarosa, transformándola en azúcar invertida, lo que de ningún modo reduce su futura capacidad de trabajo. Otro ejemplo para demostrar su poder lo observamos en un minúsculo gramo de quimosina (enzima del estómago) que puede coagular diez millones de gramos de leche.*

LAS PROTEÍNAS

*L*as proteínas utilizadas por nuestro cuerpo están formadas por veinticinco aminoácidos en distintas combinaciones, ocho de los cuales no pueden ser sintetizados por el organismo. Esto quiere decir que deben ser aportados con los alimentos, por ello se los denomina aminoácidos esenciales: isoleucina, leucina, lisina, metionina, fenilalamina, treonina, tiroxina, valina.

La Organización de las Naciones Unidas para la Agricultura y la Alimentación (F.A.O.) recomienda un consumo mínimo de 0,47 gr por kilo de peso y por día. Esta cantidad debe ser aumentada a casi el doble en mujeres embarazadas, madres que amamantan, niños y adolescentes en crecimiento.

Las indispensables proteínas intervienen en todas las fases de las actividades físicas y químicas de la célula viviente y sirven como elementos formativos de las estructuras de todos los tejidos, siendo el armazón de todo nuestro cuerpo: el pelo, la piel, las uñas, tendones, músculos, cartílagos y la estructura orgánica de los huesos están hechos con proteínas.

Las enzimas, muchas hormonas, la hemoglobina, el colágeno y los anticuerpos son de naturaleza proteica. Por lo tanto, son necesarias para el crecimiento de los niños y, en los adultos, para reemplazar los tejidos que permanentemente se desgastan y reponer los que –como las uñas y el cabello– crecen continuamente.

A lo largo de la historia, destacados científicos han demostrado, con experiencias propias y con grupos humanos que desarrollaban distintas actividades (intelectuales, trabajos físicos de gran exigencia, etc.) que, con una dieta donde participan en abundancia vitaminas, minerales, enzimas, hidratos de carbono sin refinar (tomados de fuentes naturales), con un aporte razonable de proteínas provenientes del reino vegetal y en menor cantidad de derivados animales, se conseguía un rendimiento excelente, a la vez que se revertían procesos patológicos.

Debemos saber el valor biológico de las proteínas aumenta cuando combinamos estas en la misma comida. Entonces, obtenemos toda la cadena de aminoácidos, los cuales se potencializan entre sí.

Cereal + legumbres

Cereal + frutos secos

Cereal + huevo o queso

Ejemplos

- *Panes y tartas: harina integral + harina de soja*
- *Postres: harina de maíz + leche de soja*
- *Muesli: cereal integral + fruta fresca + nueces*
- *Guiso: arroz integral + lentejas + vegetales*
- *Sopa: avena arrollada + harina de arvejas*
- *Ensaladas: vegetales crudos + porotos*

ALIMENTOS ORGÁNICOS

¿Qué es un Producto Orgánico?

- *Es un producto elaborado según principios ecológicos, obtenido respetando los ciclos naturales y utilizando técnicas no contaminantes.*
- *Garantiza el __no__ uso de pesticidas, fungicidas, herbicidas, colorantes, saborizantes, conservantes y cualquier tipo de sustancia química sintética.*
- *Permite reencontrarse con los aromas y los sabores auténticos de la naturaleza.*

¿Cuál es la ventaja de consumir productos orgánicos?

- *Los alimentos orgánicos certificados le aseguran no haber utilizado ningún insumo agroquímico o transgénico, en su cadena de elaboración.*
- *Protegen a los agricultores, ya que estos no deben manipular sustancias tóxicas.*
- *Favorecen la biodiversidad vegetal y animal.*

¿Cómo reconocer un producto orgánico?

- *Impreso en el envase, debe constar el sello de certificación de producto orgánico o ecológico de una de las doce certificadoras controladas por CENASA, el Organismo Nacional responsable de la seguridad alimentaria en nuestro país, según la ley nacional 25127.*
- *Las normas argentinas de producción orgánica son reconocidas por la Comunidad Económica Europea, Estados Unidos y Japón.*

¿SABÍA QUE...?

- *El consumo de alimentos orgánicos es el de mayor crecimiento, a nivel mundial, dentro del rubro alimenticio.*
- *La calidad orgánica certificada está asegurada por estrictos controles, desde el campo hasta la góndola, garantizando la calidad de cada producto.*

- *La agricultura orgánica tiene un rol fundamental en la preservación del ecosistema, al no contaminar los suelos, las napas de agua y los cursos de arroyos y ríos.*
- *La producción orgánica ayuda a las economías regionales, generando empleo calificado y arraigando a los agricultores en su lugar de trabajo.*

LO ESENCIAL: NO DAÑAR

Alrededor de seis mil drogas se usan como aditivos en todos los alimentos industrializados.

Un conjunto de conservantes, saborizantes, edulcorantes, mejoradores, antioxidantes, etc., forman parte de nuestras dietas, mientras nosotros ignoramos sus efectos. Además, en los países subdesarrollados, se utilizan productos químicos provenientes de países en los cuales están prohibidos.

La ingestión permanente de alimentos muy elaborados, que contienen aditivos, trae como consecuencia intoxicaciones, alergias, infecciones bacterianas, así como caries, gastritis, disminución del sistema defensivo, etcétera.

Entre los innumerables beneficios que aporta el preparar los alimentos en casa, está el de controlar sus ingredientes. Deberán ser lo más naturales que sea posible. Para no equivocarnos: lo más cerca posible de como Dios o la Naturaleza los produce.

EL AZÚCAR REFINADO:
UN DULCE MUY AMARGO...

Hábitos nada saludables

El Dr. Carmelo Raúl Nicotra, médico psiquiatra, aporta elementos científicos para explicar por qué los azúcares y las harinas refinadas son perniciosos.

Dice que son desequilibrantes nerviosos, por ser hidratos de carbono que provocan una abundante respuesta insulínica, lo que trae aparejado un descenso de la glucosa en sangre.

Este desequilibrio es el responsable del estrés y de otros tipos de problemas emocionales que desembocan en enfermedad mental severa.

Estas harinas y azúcares, además, son culpables de desnutrición, tanto por haber sido despojados de sus componentes nutritivos –en el proceso de refinación– como por adueñarse, durante su metabolismo, de vitaminas y minerales de nuestro cuerpo, y por desplazar –cuando los consumimos como hábito– a otros alimentos de valor nutritivo.

Generan hábito, pues nos traen una ansiedad cada vez mayor de azúcares.

También son causa de otros males: obesidad, jaquecas, palpitaciones, gastritis, alergias, insomnio, temblores, etc.

ECONOMÍA EN LA COCINA

*U*na dieta natural puede contribuir muchísimo a la economía familiar. Personalmente, considero que, cuando hablamos de temas tan tremendos como la desnutrición en nuestro país, podríamos colaborar en solucionarlos, tratando de estar informados sobre cómo equilibrar nuestra dieta, cuando debemos reemplazar la carne.

Por ejemplo, es común que se usen las legumbres, en guisados a los que además se les agregan cereales y carne. Esto para nada es necesario y ni siquiera conveniente. El día que incluimos en nuestro menú alguna legumbre, no precisamos usar carnes. Nuestras necesidades proteicas van a estar cubiertas totalmente. Y, si utilizamos huevos en la preparación de algún soufflé, lo convertiremos en una comida fuerte. Comer carnes y legumbres, o carne y huevos, o carnes y queso, significa sobrealimentación. Estamos haciendo un gasto innecesario de dinero y de nuestras propias energías para que nuestro organismo digiera alimentos pesados.

Al usar tan poca cantidad de aceite, podemos darnos el lujo de elegir el de mejor calidad; sea cual fuere su precio, estaremos haciendo economía.

Otra forma de economizar consiste en adquirir sólo las verduras de estación: son siempre las más accesibles. Debemos, además, aprender a utilizarlas en forma integral. Así, si hacemos una ensalada de remolacha, no desechemos las hojas, ya que servirán para rellenos de tartas y empanadas, soufflés, etc. Con las hojas de coliflor pueden prepararse deliciosos bocaditos. Si incluimos en un plato, cebollas de verdeo o puerros, hacerlo con sus partes verdes también. Y si usamos las partes blancas y tiernas del apio, en ensaladas, reservar el resto para dar gusto a croquetas, sopas, budines, etc. Esto es muy importante no sólo desde el punto de vista de la economía, sino desde el de la nutrición, ya que en las hojas exteriores y oscuras es donde se encuentran los elementos más valiosos del vegetal.

Es conveniente, para no destruir las propiedades de los alimentos, cocinar a fuego mínimo. Esto nos permitirá un ahorro de más del 50% del gas que solíamos consumir.

Además, tratar de cocinar en casa **todo** lo que la familia consume, haciendo nosotros mismos dulces, panes, bizcochos, etc., con elementos naturales, asegura la salud de sus integrantes, lo cual significa una economía enorme e incuestionable.

Suponer que se ahorra tiempo, echando mano de productos enlatados o industrializados, creyendo que simplifican nuestras tareas, atenta contra la salud y el bolsillo. Es fácil comprobar que, con un poco de buena voluntad y dedicación, los resultados son tan halagüeños que justifican el esfuerzo.

Otros dos secretos: no olvidarse de reservar los líquidos de cocción de vegetales y legumbres, ya que nos pueden servir para la preparación de sopas y salsas, a las que darán exquisitos sabores y colores; incorporar a nuestra dieta, los cereales integrales, ya que son ricos en vitaminas, minerales y proteínas, de modo que pueden constituir la base de cualquier menú.

Panificados

El pan nuestro de cada día:
compañero de las comidas
y componente
principal de toda dieta

LA IMPORTANCIA DE AMASAR
NUESTRO PROPIO PAN

Tal vez sea el pan el alimento más importante de nuestra dieta. Por lo pronto, todos lo consumimos en dos o tres de las comidas diarias. Cuando comemos pan, lo hacemos porque nos resulta apetitoso; nos tienta su levedad, su blancura, la manera en que cruje. Pero jamás se nos ocurre pensar cómo está elaborado ese pan que llega a nuestra mesa.

Deberíamos saber, por ejemplo, que cuando se muele el trigo, se eliminan las capas exteriores (salvado) y el germen (principio de vida). Esto equivale a decir que desaparece del grano la mayor parte de las enzimas, vitaminas y los minerales. Además de este proceso de eliminación, se utilizan sustancias químicas para blanquear la harina, mejoradores para hacer el pan más esponjoso, margarinas y grasas hidrogenadas con el fin de lograr una mejor conservación.

Lo que resulta de todo esto es un pan con poco valor nutritivo, calorías vacías que engordan pero no nutren. Lo más grave, sin embargo, es la ingestión de aditivos sumamente perjudiciales para nuestra salud.

El germen de trigo es la fuente más importante de vitamina E natural y esto, según se ha demostrado, es esencial para el buen funcionamiento de nuestro sistema cardiovascular. A la vitamina E también se la llama "la vitamina antiestéril", por su importancia en la reproducción, o bien "la vitamina antioxidante", debido a que evita el deterioro de los tejidos. La parte exterior del grano (salvado) contiene vitaminas del complejo B, minerales y fibras. Por eso, su consumo es indispensable para regular la función intestinal.

Después de leer esto, nos preguntaremos: ¿y entonces por qué se refinan los cereales? Lamentablemente, muchas veces prevalecen los factores económicos. Sucede que los cereales pulidos duran más en las estanterías, mientras que los integrales, porque tienen vida, de vez en cuando forman gorgojos inofensivos.

Uno siente deseos de preguntarse: si a los cereales refinados no los quieren ni los insectos, ¿por qué los consumimos nosotros? Recordemos siempre, para no equivocarnos, que hay que tratar de tomar nuestro alimento tal como la Naturaleza nos lo brinda.

¿COMPARTIMOS EL PAN?

Comer naturalmente supone mucho más que comer sano, significa elevar el acto de comer a algo sagrado.

Buscamos el buen alimento para mantener o recuperar la salud y silueta, y es muy válido; pero con el tiempo, nos damos cuenta de que nos dimos la oportunidad de nutrirnos sabiamente, que cada célula de nuestro cuerpo es impregnada de Vida, y que el Todo que somos se beneficia.

Recuperamos ese preciado equilibrio al que llamamos Salud, un estado que se manifiesta mediante mayor alegría interior, mejor vida de relación, pensamientos y sentimientos más puros.

Cada uno de nosotros tiene un compromiso con la Vida: el de transmitir aquello que nos hace mejores. Tal vez me corresponda transformar una tarea que muchos sienten pesada y rutinaria, en algo maravilloso y creativo.

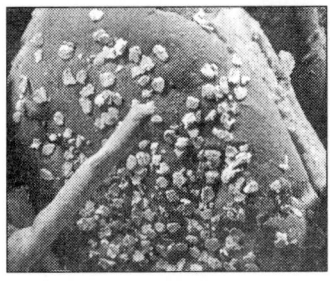

Recordemos que somos cocreadores con Mamá Naturaleza y que a los productos sanos que ella generosamente nos brinda, nosotros le incorporamos nutrientes valiosísimos, a través de nuestra energía.

Pongamos nuestras manos en "la masa" buscando "estar bien" y sabiendo que la alquimia se realiza.

Cereales y harinas integrales, frutos, vegetales, legumbres, miel... son la base de la dieta que además de brindar salud, significará una importante economía. ¿Compartimos el pan?

PESOS Y MEDIDAS

Equivalencia para las harinas

1 cucharadita	=	4 gramos
1 cucharada al ras	=	10 gramos
1 cucharada colmada	=	18 gramos
3 cucharaditas	=	1 cucharada
12 cucharadas colmadas	=	1 taza
1 taza	=	200 gramos

1 cucharada de levadura de cerveza seca = 10 gramos
1 cucharada de levadura de cerveza prensada = 20 gramos

PREPARAMOS NUESTRO PAN

Vamos a amasar pan. Lo haremos de manera tal que nos lleve menos tiempo que ir a comprarlo. Sabiendo, además, que con él brindaremos a nuestra familia un verdadero pan.

Usaremos trigo integral molido, con todas sus propiedades, con todo su germen, rico en proteínas, vitaminas A, B y E –esta última ayuda a la procreación, pues es antiestéril–, y los minerales existentes en su parte externa. Todas estas virtudes, tan valiosas, se pierden cuando la harina se refina.

También utilizaremos harina de arroz integral, maíz, centeno, soja, frutas, miel, etc., para obtener una variedad de panes sabrosísimos y nutritivos.

Tomemos nota...

Estas son las etapas para la elaboración exitosa de un riquísimo pan:

- Medir y pesar todos los ingredientes.
- Disponer la harina o las harinas en un bol junto con la sal marina. Hacer un hueco central.
- Disolver la levadura en un poco de agua tibia (a la temperatura de un biberón) mezclada con el aceite. Batir la preparación por un momento.
- Verter la levadura disuelta en el hueco central, a medida que se mezclan, con las manos, todos los ingredientes.
- Si fuese necesario, adicionar más agua. La cantidad que se añade dependerá de la consistencia que queramos obtener. Si vamos a moldear el pan, la agregaremos en cantidad suficiente como para que la masa adquiera regular consistencia. Si preferimos formar flautitas o bollitos, pongamos menos agua.
- Batir la masa con la mano abierta, para incorporarle aire.

- Ubicar el bollo en un recipiente; cubrirlo y dejarlo descansar unos 30 minutos.
- Formar las flautitas o bollitos, con las manos humedecidas, y colocarlos separados unos de otros sobre una placa o asadera, previamente aceitada. Dejarlos leudar no menos de 30 minutos, en horno precalentado y apagado. Si queremos moldear el pan, aceitar un molde para budín inglés y disponer dentro una porción de masa, como para completar la mitad de su volumen. Dejar leudar el pan alrededor de 30 minutos.
- Encender el horno a temperatura fuerte, durante unos 10 minutos. Bajar a temperatura media y hornear los panes. Los moldeados se cocinan, según su tamaño, entre 45 minutos y 1 hora. Las flautitas y bollitos, requieren entre 20 y 30 minutos.

Aclaración:

"Horno precalentado" significa encenderlo durante 5 minutos y apagarlo. Introducir los panes, para que leuden en forma pareja.

$\mathscr{P}$AN DE TRIGO INTEGRAL

INGREDIENTES

- *Harina de trigo integral superfina, 1 kg*
- *Sal marina, 1 cucharada de postre*
- *Agua tibia, 600 cm³*
- *Aceite, 2 cucharadas*
- *Levadura de cerveza, 1 cucharada*

PREPARACIÓN

1• Ubicar en un bol la harina y agregarle la sal.
2• Aparte, disolver la levadura en 1/2 taza de agua tibia junto con el aceite. Incorporar a la preparación anterior, añadiendo el agua tibia necesaria hasta obtener una masa homogénea. Dejar descansar por 30 minutos, en sitio templado.
3• Formar dos panes alargados y colocarlos en placas aceitadas. Llevar a horno precalentado y dejar leudar durante 30 minutos.
4• Cocinar en horno de temperatura media, durante 40 minutos. Retirar y poner sobre rejilla para que se enfríen.

NOTA

Para preparar pan de centeno, utilizar harina de trigo integral superfina y harina de centeno por partes iguales.

PAN DE RICOTA

INGREDIENTES

- *Harina de trigo integral superfina, 4 tazas*
- *Sal marina, 1 cucharada de postre*
- *Ricota descremada, 1/4 kg*
- *Levadura de cerveza, 1 cucharada*
- *Agua tibia, 2 y 1/2 tazas*
- *Aceite, 1 cucharada*

PREPARACIÓN

1• Disponer en un bol, la harina junto con la sal, en forma de corona. Ubicar la ricota en el hueco central.

2• Aparte, disolver la levadura en un poco de agua tibia junto con el aceite. Incorporar a la preparación anterior, mezclando poco a poco con la ricota y los ingredientes secos y adicionando el agua tibia necesaria hasta lograr un bollo tierno y homogéneo. Dejar reposar en lugar templado, 30 minutos.

3• Con las manos humedecidas, tomar porciones y formar flautas alargadas, disponiéndolas sobre placas aceitadas. Dejar leudar durante 30 minutos, en horno precalentado.

4• Cocinar en horno de temperatura media, 35 minutos. Retirar y poner sobre rejilla para que se enfríen.

BOLLOS ORIGINALES DE SOJA

INGREDIENTES

- *Harina de trigo integral superfina, 5 tazas*
- *Porotos de soja cocidos, 1 taza*
- *Manzanas, 2*
- *Aceite, 2 cucharadas*
- *Miel, 2 cucharadas*
- *Vainilla natural, gotas*
- *Levadura de cerveza, 1 cucharada*
- *Agua tibia, 2 y 1/2 tazas*

PREPARACIÓN

1• Disponer en un bol, la harina, en forma de corona.

2• Aparte, licuar los porotos de soja con las manzanas, el aceite, la miel, la vainilla, la levadura y un poco de agua. Incorporar en el hueco central, de a poco, uniendo bien y adicionando el agua tibia necesaria hasta obtener una masa consistente y homogénea. Dejar descansar en lugar tibio, 30 minutos.

3• Formar bollitos con las manos humedecidas y ubicarlos en placas aceitadas. En horno precalentado, dejar que leuden durante 30 minutos.

4• Cocinar en horno de temperatura media, durante 20 minutos. Retirar y poner sobre rejilla para que se enfríen.

PAN DE ZANAHORIAS

INGREDIENTES

- *Harina de trigo integral superfina, 4 tazas*
- *Germen de trigo, 1 taza*
- *Sal marina, 1 cucharada*
- *Zanahorias ralladas, 3*
- *Levadura de cerveza, 1 cucharada*
- *Agua tibia, 600 cm³*
- *Aceite, 2 cucharadas*

PREPARACIÓN

1• Mezclar la harina integral, el germen, la sal y las zanahorias ralladas, disponiéndolos en forma de corona.

2• Aparte, disolver la levadura en un poco de agua tibia junto con el aceite. Incorporar en el hueco central y mezclar bien; adicionar el agua tibia necesaria hasta obtener un bollo tierno. Dejar descansar en sitio templado, 30 minutos.

3• Ubicar la masa en 2 moldes para budín inglés previamente aceitados. En horno precalentado, dejar que leuden durante 30 minutos.

4• Cocinar en horno de temperatura media, durante 30 minutos. Retirar y desmoldar sobre rejilla para que se enfríen.

$\mathcal{P}$AN DE NUECES

INGREDIENTES

- *Harina de trigo integral superfina, 1/2 kg*
- *Nueces, 100 gr*
- *Pasas de uva, 100 gr*
- *Miel, 2 cucharadas*
- *Manzana, 1*
- *Levadura de cerveza, 1 cucharada*
- *Agua tibia, 300 cm³*

PREPARACIÓN

1• Ubicar en un bol, la harina, en forma de corona.
2• Aparte, licuar las nueces con las pasas de uva, la miel, la manzana, la levadura y un poco de agua tibia. Incorporar en el hueco central y unir bien, agregando el agua tibia necesaria hasta obtener un bollo tierno. Dejar descansar 30 minutos, en lugar cálido.
3• Distribuir en molde para budín inglés o de aro, previamente aceitado. En horno precalentado, dejar que leude durante 30 minutos.
4• Cocinar en horno de temperatura media 35 minutos. Retirar y desmoldar sobre rejilla.

SUGERENCIA

Para formar rosquitas, una vez que la masa haya descansado, tomar porciones pequeñas con las manos humedecidas y hacer bastoncitos. Unir los extremos y distribuirlos en placas aceitadas. Hornear durante 15 minutos. Si se desea, pintarlas con miel al retirarlas.

PAN DE AVENA

INGREDIENTES

- *Avena arrollada, 2 tazas*
- *Harina de trigo integral superfina, 3 tazas*
- *Sal marina, 1 cucharada*
- *Nuez moscada, pizca*
- *Queso rallado, 1 taza (optativo)*
- *Levadura de cerveza, 1 cucharada*
- *Aceite, 1 cucharada*
- *Agua tibia, 700 cm³*

PREPARACIÓN

1• Mezclar en un bol la avena, la harina, la sal, la nuez moscada y el queso rallado.

2• Aparte, disolver la levadura en un poco de agua tibia junto con el aceite. Incorporar a la preparación anterior, añadiendo el agua necesaria hasta formar una masa de consistencia mediana. Dejar descansar en lugar cálido, 30 minutos.

3• Formar los panes con las manos humedecidas y colocarlos en moldes aceitados. En horno precalentado, dejar que leuden durante 30 minutos.

4• Cocinar en horno de temperatura media, 30 minutos. Retirar y desmoldar sobre rejilla.

$\mathscr{P}$ANECILLOS AMARILLOS

INGREDIENTES

- *Fécula de mandioca, 3 tazas*
- *Semita de maíz, 3 tazas (o harina de maíz fina)*
- *Sal marina, 1 cucharada de postre*
- *Queso rallado, 2 cucharadas*
- *Ricota descremada, 100 gr*
- *Levadura de cerveza, 1 cucharada*
- *Agua tibia, 4 tazas*
- *Aceite, 2 cucharadas*

PREPARACIÓN

1• Mezclar en un bol la fécula con la semita, la sal y el queso. Disponer en forma de corona, ubicando la ricota en el hueco central.

2• Aparte, disolver la levadura en un poco de agua tibia con el aceite. Incorporar en el hueco central y mezclar bien, agregando el agua tibia necesaria hasta obtener una masa elástica. Dejar descansar en sitio cálido, 30 minutos.

3• Formar los panecillos con las manos humedecidas, disponiéndolos en placas aceitadas y enharinadas. En horno precalentado, dejar que leuden durante 30 minutos.

4• Cocinar en horno de temperatura media, 20 minutos. Retirar y dejar enfriar sobre rejilla.

SUGERENCIA

Con la misma masa, formar grisines, distribuyéndolos sobre placas aceitadas y enharinadas. Llevarlos a horno de temperatura fuerte, 10 minutos.

$\mathscr{P}$AN DE HARINA DE ARVEJAS

INGREDIENTES

- *Harina de trigo integral superfina, 4 tazas*
- *Harina de arvejas, 1 taza*
- *Sal marina, 1 cucharada de postre*
- *Levadura de cerveza, 1 cucharada*
- *Agua tibia, de 600 a 700 cm^3*
- *Aceite, 1 cucharada*
- *Salsa provenzal, 1 cucharada*

PREPARACIÓN

1• Mezclar en un bol las harinas y la sal, disponiéndolas en forma de corona.
2• Aparte, disolver la levadura en 1/2 taza de agua tibia con el aceite y la salsa provenzal. Incorporar en el hueco central y unir bien, añadiendo el agua tibia necesaria. Dejar descansar en lugar templado, 30 minutos.
3• Distribuir en un molde rectangular aceitado y, en horno precalentado, dejar que leude durante por 30 minutos.
4• Cocinar en horno de temperatura suave, 40 minutos. Retirar, dejar entibiar y desmoldar sobre rejilla.

NOTA

Para obtener la salsa provenzal, colocar en un recipiente con un poco de aceite, unos dientes de ajo picados. Llevarlos sobre fuego y rehogarlos ligeramente. Añadir perejil picado a gusto, revolver y retirar.

PAN DE ALGAS

INGREDIENTES

- *Harina de trigo integral superfina, 5 tazas*
- *Sal marina, 1 cucharadita*
- *Algas tostadas molidas, 2 cucharadas*
- *Cebollitas de verdeo picadas, 2 cucharadas*
- *Levadura de cerveza, 1 cucharada*
- *Agua tibia, de 600 a 700 cm^3*
- *Aceite, 1 cucharada*

PREPARACIÓN

1• Mezclar en un bol la harina, la sal, las algas y las cebollitas de verdeo finamente picadas y disponer en forma de corona.

2• Aparte, disolver la levadura en un poco de agua tibia junto con el aceite. Incorporar en el hueco central y unir bien, añadiendo, si es necesario, más agua tibia hasta obtener una masa homogénea. Dejar descansar en lugar tibio, 30 minutos.

3• Distribuir en un molde redondo, previamente aceitado. En horno precalentado, dejar que leude durante 30 minutos.

4• Cocinar en horno de temperatura suave, 45 minutos. Retirar, dejar entibiar y desmoldar sobre rejilla.

SUGERENCIA

Pueden prepararse panes chicos, los cuales necesitarán aproximadamente 20 minutos de cocción en horno con temperatura más fuerte.

BOLLITOS DE ZAPALLO

INGREDIENTES

- *Harina de trigo integral superfina, 4 tazas*
- *Semillas de hinojo, a gusto*
- *Sal marina, 1 cucharada*
- *Zapallo cocido y escurrido, 1 taza*
- *Líquido de cocción del zapallo, 1 taza*
- *Aceite, 2 cucharadas*
- *Levadura de cerveza, 1 cucharada*

PREPARACIÓN

1• Mezclar en un bol, la harina con las semillas de hinojo y la sal y disponer en forma de corona.

2• Pisar el zapallo con un tenedor hasta obtener un puré.

3• Aparte, colar el líquido de cocción y mezclarle el aceite. Disolver allí la levadura.

4• Verter en el hueco el puré de zapallo e ir uniendo, agregando la levadura disuelta. Mezclar bien y dejar reposar, 30 minutos, en lugar templado.

5• Tomar porciones de la masa con las manos humedecidas y formar bollitos, distribuyéndolos sobre placas aceitadas. En horno precalentado, dejar que leude durante 30 minutos.

6• Cocinar en horno de temperatura media, durante 20 minutos. Retirar y dejar que se enfríen sobre rejilla.

$\mathscr{F}$LAUTAS DE GLUTEN

INGREDIENTES

- *Harina de trigo integral fina, 1/2 kg*
- *Harina de gluten, 1/2 kg*
- *Sal marina, 1 cucharada*
- *Levadura de cerveza, 1 cucharada*
- *Agua tibia, 600 a 700 cm³*
- *Aceite, 2 cucharadas*

PREPARACIÓN

1• Mezclar en un bol, las harinas con la sal.

2• Aparte, disolver la levadura en un poco de agua tibia junto con el aceite. Incorporar a la preparación anterior y unir todo, añadiendo el agua tibia necesaria hasta lograr una masa tierna o de mediana consistencia. Dejar descansar en sitio cálido, 30 minutos.

3• Con las manos humedecidas, formar flautitas medianas y distribuirlas sobre placas aceitadas. En horno precalentado, dejar que leuden durante 30 minutos.

4• Cocinar en horno de temperatura media, 25 minutos. Retirar y dejar que se enfríen sobre rejilla.

ℬOLLOS DE QUINOA

INGREDIENTES

- Harina de trigo integral superfina, 1/2 kg
- Semillas de quinoa, 1/2 kg
- Agua, 1/2 litro
- Levadura de cerveza, 1 cucharada
- Aceite, 2 cucharadas
- Miel, 1 cucharadita
- Sal marina, pizca
- Huevo, 1 (optativo)

PREPARACIÓN

1• Lavar la quinoa y remojarla durante 15 minutos.

2• Colocar en un bol, la harina y la sal. Agregar la quinoa remojada, mezclando bien.

3• Aparte, disolver la levadura en 1/2 taza de agua tibia junto con la miel y el aceite. Incorporar a la preparación anterior y unir bien, añadiendo el agua tibia necesaria hasta formar un bollo homogéneo y tierno. Dejar descansar durante 30 minutos.

4• Separar en 4 porciones, formar bollos y colocarlos sobre placa aceitada. Pintar con huevo batido y decorar con semillas de quinoa secas. En horno precalentado, dejar que leude durante 30 minutos.

5• Cocinar en horno de temperatura media, 20 minutos. Retirar y dejar que se enfríen sobre rejilla.

Ensaladas, Patés, Entremeses y Canapés

Tan sanos como deliciosos

LA VERDADERA BELLEZA...

*C*uánto han cambiado nuestras costumbres en los últimos años y cuán vertiginoso ha sido ese cambio...

Recuerdo que cuando yo era niña, en una misma casa convivían tres generaciones que aprendían a respetarse y compartir. El abuelo era el patriarca que nucleaba a su alrededor a todo el grupo. Su palabra era escuchada y su experiencia valorada.

Ahora quedan pocas casas grandes con muchas habitaciones, patio, jardín y fondo. Se vive en departamentos de pocos ambientes y pocos metros cuadrados, donde la convivencia se hace más difícil; no hay lugar para los juegos de los niños, ni tiempo para compartir vivencias, ni paciencia para tolerarnos. Ya desde muy pequeños, los chicos van a la guardería, algunos de meses; y los ancianos al geriátrico...

¡Qué triste! La ciencia logra que el hombre viva más años, pero ¿se mejoró su calidad de vida?

Tal vez sea la situación económica la que hace que debamos trabajar más horas y nos obliga a permanecer mucho tiempo fuera de nuestro hogar; o tal vez las necesidades creadas por una sociedad consumista que se basa en moldes foráneos, nos hace creer que el "tener" nos va a hacer felices. Resulta que después, no solamente no lo logramos, sino que no disponemos de tiempo para disfrutar lo adquirido.

Quizás a nosotros que fuimos educados con un gran amor y respeto por nuestros abuelos, que los acompañamos en los momentos de alegría, en su lecho de enfermos y en su último viaje, nos fue mucho más fácil comprendernos, porque la convivencia nos enseñó mucho más que los libros.

Ahora, esta sociedad más analítica, más psicoanalizada, vive estudiando los problemas que nos aquejan y los distingue en distintas etapas: primera, segunda y tercera edad, como si "todo no tuviera que ver con todo".

El desmedido culto a la juventud, a través de las revistas y de la televisión, hace que gente madura se sienta frustrada, que viva pendiente de *la nueva arruga o cana, y se vista, a los 70, como si tuviera 20 años. Se puede ser bello a cualquier edad. La belleza es mucho más que una piel tersa y una cara bonita. Con los años, vamos adquiriendo nuestras verdaderas facciones; cada arruga tiene que ver con una expresión, una alegría, una pena o un recuerdo.*

Cuidemos nuestro cuerpo para vivir en plenitud el lapso que nos ha sido asignado, y cuidemos nuestra alma para que ese paso por la vida tenga un sentido...

Cada uno de nosotros, y dentro de nuestras posibilidades, tiene etapas en las que debe crecer, procrear, educar. Posiblemente, la más hermosa sea la que, habiendo almacenado durante ese trayecto muchas experiencias, y ya libres de tantas obligaciones, se pueda saber qué hacer para sí y para la comunidad.

Los niños y los ancianos tienen mucho en común, y la posibilidad de compartir horas juntos, los enriquece a ambos. De la mano de todas estas reflexiones y estos recuerdos, percibo la figura, la sonrisa y la voz de mi abuelita. Han pasado muchos años desde que partió, pero su imagen permanece junto a mí, prodigándome los mismos cuidados que cuando era niña.

Agradezco a Dios la fortuna de haberla disfrutado.

Gracias

ASPICS DE CHOCLOS FRESCOS

INGREDIENTES

- *Choclos, 6*
- *Agua, 1 litro*
- *Agar-agar, 2 cucharadas o gelatina sin sabor*
- *Sal marina y jengibre molido, pizca*
- *Aceite, 2 cucharadas*
- *Cebollas, 2*
- *Cebollita de verdeo, 1*
- *Zanahorias, 2*
- *Apio, unas hojas*
- *Ají morrón, 1*
- *Aceitunas negras, 6 ó 7*

PREPARACIÓN

1• Desgranar los choclos y cocinarlos en el agua, 7 minutos. Retirarlos, colarlos y reservar los granos y el agua de cocción.

2• Ubicar el líquido de cocción en un recipiente, a fuego suave. Agregarle el agar-agar, previamente hidratado con un poco de agua fría. Cocinar durante 5 minutos. Retirar, condimentar con la sal y el jengibre y dejar entibiar.

3• Untar una cacerola con el aceite y disponer adentro las cebollas y la cebollita picadas, las zanahorias ralladas y las hojas de apio en fina juliana. Tapar y cocinar a fuego muy suave, 10 minutos. Retirar, adicionar los granos de choclo reservados y, si es necesario, volver a sazonar.

4• Verter parte de la gelatina en moldecitos individuales. Decorar, formando florcitas con trocitos de morrón y aceitunas y dejar enfriar, hasta que solidifique.

5• Colocar encima una porción de verduras y completar con la gelatina restante. Llevar los aspics a la heladera y, en el momento de servir, retirarlos, desmoldarlos y acompañarlos con una guarnición de verduras crudas y cocidas.

NOTAS

Para desmoldar, pasar los moldecitos por agua caliente, por un momento. Si se usa gelatina sin sabor, en lugar del agar-agar, no es preciso que el líquido hierva.

*A*RROLLADO FRÍO DE HARINA DE MAÍZ

INGREDIENTES

- *Harina de maíz, 2 tazas*
- *Agua, 5 tazas*
- *Sal marina, 1 cucharadita*
- *Aceite, 1 cucharada*
- *Cebolla, 1*

Relleno
- *Ajíes, 2 (asados)*
- *Zanahoria, 1*
- *Remolacha, 1*
- *Aceitunas negras, 10*
- *Huevo duro, 1*

Mayonesa de Chauchas
- *Chauchas, 1/2 kg*
- *Aceite, 1 ó 2 cucharadas*
- *Sal marina, 1 cucharadita*
- *Jugo de 1/2 limón*

PREPARACIÓN

1• Remojar la harina de maíz con 2 tazas de agua. Llevar a hervir el agua restante, con la sal marina y el aceite. Cuando rompe el hervor, incorporar la harina remojada, mezclando bien. Tapar y continuar la cocción a fuego lento hasta que absorba toda el agua (20 minutos, aproximadamente).

2• Retirar y añadir la cebolla rallada. Mezclar y dejar entibiar. Aparte, aceitar un papel aluminio rectangular y verter sobre él la polenta, distribuyéndo-la en forma pareja.

3• Cubrir con una capa de mayonesa y disponer encima los ajíes en tiras fi-nas, la zanahoria rallada, la remolacha cocida y también rallada, las acei-tunas en trozos y el huevo picado, todo alternando en hileras.

4• Arrollar con la ayuda del papel aluminio. Dejar que se enfríe, para que la polenta esté consistente. Retirar el papel aluminio y decorar con mayo-nesa, acompañando con vegetales frescos, a gusto.

Mayonesa de Chauchas

1• Licuar todos los ingredientes hasta obtener una crema. Utilizar.

ARROLLADO DIFERENTE

INGREDIENTES

- *Huevos, 3*
- *Levadura de cerveza, 1 cucharadita*
- *Agua tibia, 1 pocillo*
- *Harina de trigo integral superfina, 1/2 taza*
- *Harina de soja, 2 cucharadas*
- *Espinaca hervida, 1 taza (exprimida)*
- *Aceite, 1 cucharada*
- *Cebollita de verdeo, 1*
- *Perejil picado, a gusto*
- *Sal marina, jengibre molido y nuez moscada, a gusto*

Relleno

- *Mayonesa de zapallo, a gusto (o de zanahorias)*
- *Ají morrón, 1 (asado)*
- *Aceitunas, 6 ó 7*
- *Remolacha, 1*

PREPARACIÓN

1 • Licuar los huevos, la levadura, el agua, las harinas, la espinaca, el aceite, la cebolla y el perejil. Condimentar.

2 • Verter la preparación en una asadera ligeramente aceitada y enharinada. Cocinar en horno de temperatura suave, 10 minutos. Retirar, desmoldar sobre un lienzo húmedo y arrollar.

3• Dejar enfriar y cubrir con la mayonesa, el ají morrón en tiras finas, las aceitunas picadas y la remolacha cocida y rallada. Arrollar nuevamente y acomodar en una fuente. Disponer alrededor, una guarnición de vegetales crudos y servir.

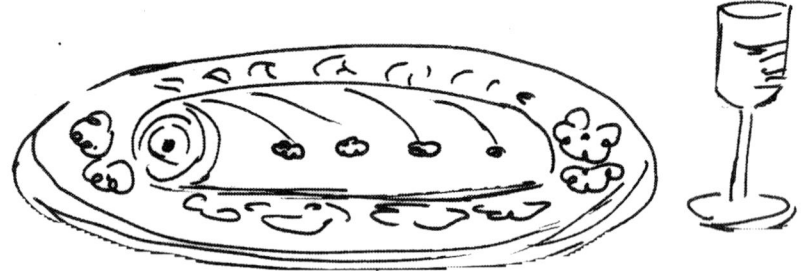

$\mathcal{E}$NSALADA PRIMAVERA

INGREDIENTES

- *Arroz integral cocido, 3 tazas*
- *Apio tierno, 1*
- *Manzanas, 2*
- *Zanahorias, 2*
- *Nueces picadas, 50 gr*
- *Aceitunas negras, 6 (picadas)*
- *Sal marina, pizca*
- *Jugo de 1 limón*
- *Aceite de oliva, 1 cucharada*

Para Decorar
- *Aceitunas negras, 6*
- *Nueces, 6 (en mitades)*
- *Apio, unas hojas*
- *Ají morrón, 1 (asado y pelado)*

Mayonesa de Zanahorias
- *Zanahorias, 1/2 kg*
- *Jugo de 1/2 limón*
- *Aceite, 2 cucharadas*
- *Ajo, 1 diente*
- *Sal marina, pizca*

PREPARACIÓN

1• Mezclar el arroz con el apio finamente picado, las manzanas y las zanahorias ralladas, las nueces y las aceitunas. Condimentar con la sal, el jugo de limón y el aceite.

2 • Verter la preparación en un molde ligeramente aceitado, presionándola para que tome forma. Desmoldar sobre una fuente.

3 • Cubrir el moldeado con la mayonesa, decorándolo con las aceitunas, las nueces, las hojas de apio y el ají en tiras muy finas. Distribuir alrededor una guarnición de vegetales frescos, a nuestra elección, alternando en grupos.

Mayonesa de Zanahorias

1 • Cortar las zanahorias en rodajas finas y cocinarlas en poca agua. Licuarlas junto con un poco del líquido de su cocción, el jugo de limón, el aceite, el diente de ajo y la sal marina. Retirar y utilizar.

ᑭATÉ TRICOLOR

INGREDIENTES

- *Arroz integral cocido, 3 tazas*
- *Puerros, 2 (en nituke)*
- *Huevo, 1*
- *Espinaca, 1 atado*
- *Sal marina, nuez moscada, comino y orégano, pizca*
- *Queso rallado, 1/2 taza*
- *Porotos aduki cocidos, 1/2 taza (o lentejas)*
- *Ajo y perejil picados, 1 cucharada*
- *Zapallo, 1/2 kg*

Para Decorar
- *Remolachas y chauchas cocidas, a gusto*
- *Cebolla, 1*
- *Aceitunas negras, 6 ó 7*
- *Zanahoria, 1*
- *Radicheta, 1 planta*

PREPARACIÓN

1 • Mezclar el arroz con los puerros y el huevo. Dividir la preparación en 3 porciones, disponiéndolas en recipientes separados.

2 • Adicionar a una de ellas la espinaca cocida, exprimida y picada, la sal marina y la nuez moscada a gusto, y parte del queso rallado. Añadir a otra los porotos triturados, el comino, el ajo y el perejil. Incorporar a la porción restante el zapallo cocido en puré, el orégano y otro poco del queso rallado.

3 • Aceitar un molde y espolvorearlo con el queso rallado restante. Verter alternadamente las distintas preparaciones y cocinar en horno de temperatura media durante 30 minutos.

4 • Retirar el paté, dejarlo enfriar y desmoldarlo sobre una fuente. Decorarla con remolachas en rodajas, chauchas, aros de cebolla, las aceitunas, la zanahoria rallada y la radicheta finamente picada.

CUADRADITOS DE MAÍZ

INGREDIENTES

- *Harina de maíz, 2 tazas (o semita de maíz)*
- *Harina de trigo integral superfina, 2 tazas*
- *Sal marina, 2 cucharaditas*
- *Levadura de cerveza, 1 cucharada*
- *Agua tibia, cantidad necesaria*
- *Aceite, 3 cucharadas*
- *Huevo, 1*

Relleno

- *Queso roquefort, 150 gr*
- *Ricota descremada, 150 gr*
- *Agua caliente, cantidad necesaria*
- *Blanco de apio, 1*
- *Nueces, 15*

PREPARACIÓN

1• Mezclar en un bol, las harinas con la sal. Agregarles la levadura disuelta en un poco de agua tibia, con el aceite y el huevo ligeramente batido. Unir los ingredientes, adicionando el agua necesaria hasta formar una masa blanda.

2• Dejarla descansar 30 minutos, en lugar templado. Verterla en una asadera rectangular aceitada y distribuirla con las manos humedecidas. En horno precalentado, dejar que leude durante 30 minutos.

3• Cocinar en horno de temperatura media, 20 minutos. Retirar, dejar enfriar y desmoldar.

4• Cortar cuadrados de 5 cm de lado y abrirlos al medio. Rellenarlos y tapar
   los.

Relleno

1• Formar una pasta con el roquefort y la ricota, ablandando con agua caliente. Adicionar el apio picado y las nueces molidas. Utilizar.

JARDINERA CON MAYONESA DE SOJA

INGREDIENTES

- *Remolachas, 3*
- *Aceite, 1 cucharada*
- *Zanahorias, 3*
- *Chauchas, 1/2 kg*
- *Zapallitos largos, 1/2 kg*
- *Ají morrón, 1 (asado)*
- *Escarola rizada, 1 planta*
- *Rabanitos, 6*
- *Sal marina, aceite y jugo de limón, a gusto*
- *Berro, unas hojas*
- *Aceitunas negras, 6*

Mayonesa de Soja

- *Tofu, 200 gr, o porotos de soja cocidos*
- *Jugo de 1/2 limón (o aceto balsámico)*
- *Sal marina, 1 cucharadita*
- *Aceite, 1 ó 2 cucharadas*
- *Ajo, 1 diente*
- *Jengibre, pizca*

PREPARACIÓN

1• Hervir las remolachas, limpias y enteras, con su piel, para que mantengan su color. Retirarlas, colarlas y dejarlas enfriar. Pelarlas, cortarlas en cubos y reservarlas.

2• Pincelar una cacerola con el aceite y preparar un nituke con las zanahorias y las chauchas en bastoncitos, junto con los zapallitos en cubos. Retirarlo y dejarlo enfriar.

3 • Cortar el ají en tiras finas, la escarola en fina juliana y los rabanitos en rodajas. Ubicar los vegetales en distintos recipientes y sazonarlos.

4 • Disponerlos decorativamente en una fuente, alternando con el nituke y las remolachas.

5 • Decorar todo con la mayonesa de soja puesta en manga de boquilla rizada, las hojas de berro y trocitos de aceitunas. Reservar en la heladera hasta el momento de servir.

Mayonesa de Soja

1 • Licuar todos los ingredientes y utilizar.

$\mathcal{E}$NSALADA DAMIÁN

INGREDIENTES

- *Choclos tiernos, 1 kg*
- *Aceite, 1 cucharada*
- *Zanahorias, 3*
- *Espárragos, 1 atado*
- *Cebolla, 1*
- *Naranja, 1*
- *Morrón rojo, 1 (asado y pelado)*

Salsa

- *Zanahorias, 2 (al vapor)*
- *Jugo de 1/2 limón*
- *Jugo de 1/2 naranja*
- *Aceite, 2 cucharadas*
- *Sal marina, pizca*
- *Líquido de cocción de los espárragos, cantidad necesaria*

PREPARACIÓN

1• Untar una cacerola con el aceite y colocar adentro los choclos desgranados y las zanahorias en rodajas muy finas. Tapar y cocinar a fuego suave
durante 10 minutos, aproximadamente.

2• Hervir las partes tiernas de los espárragos. Escurrirlos y reservar el líquido de su cocción.

3• Ubicar en una fuente los choclos con las zanahorias, la cebolla en aros finos y la naranja en rodajas y luego en cuartos. Colocar encima y en for-

ma de abanico los espárragos, con un moño de tirita de morrón en la base.

4 • Aderezar con la salsa, mezclar y servir.

Salsa

1 • Licuar las zanahorias con los jugos, el aceite, la sal y el líquido de cocción de los espárragos necesario hasta obtener la consistencia deseada.

CANAPÉS INTEGRALES

INGREDIENTES

- *Harina de trigo integral superfina, 3 tazas*
- *Harina de soja, 1/2 taza*
- *Sal marina, 1 cucharada de postre*
- *Aceite, 2 cucharadas*
- *Levadura de cerveza, 1 cucharada*
- *Agua tibia, cantidad necesaria*

Mayonesa de Paltas

- *Paltas maduras, 2*
- *Jugo de 1 limón*
- *Aceite, 3 cucharadas*
- *Agua, 3 cucharadas*
- *Orégano y sal marina, pizca*

PREPARACIÓN

1 • Mezclar en un bol las harinas y la sal. Hacer un hueco central y verter en él la levadura disuelta en un poco del agua tibia con el aceite. Unir e ir agregando, si es necesario, más agua. Dejar descansar por 30 minutos en sitio cálido.

2 • Cubrir con el bollo, una placa rectangular aceitada. Etirarlo ayudándose con las manos humedecidas. En horno precalentado, dejar leudar durante 30 minutos. Cocinar en horno de temperatura media, 20 minutos.

3 • Retirar, desmoldar y dejar enfriar. Cortar canapés de distintas formas y untarlos con la mayonesa de paltas o de otros vegetales, decorándolos con

brotes de alfalfa o soja, remolacha o zanahoria ralladas, morrones asados, pelados y en tiras finas, huevos de codorniz, aceitunas verdes y negras, apio picado, rabanitos torneados, trocitos de queso de soja, etc.

Mayonesa de Paltas

1• Licuar la pulpa de las paltas con los demás ingredientes y utilizar.

SUGERENCIA

Para lograr canapés verdes, utilizar harina de arvejas en lugar de la harina de soja, y agregar 1 cucharada de salsa provenzal (ver pág. 57). Buscar el contraste, decorando con mayonesa de zanahorias.

CALENTITOS DE SOJA

INGREDIENTES

- Harina de trigo integral superfina, 2 y 1/2 tazas
- Harina de soja, 1/2 taza
- Sal marina, 1 cucharadita
- Manzana deliciosa, 1
- Aceite, 1 cucharada
- Levadura de cerveza, 1 cucharada
- Agua tibia, cantidad necesaria
- Huevo, 1

Relleno
- Tomates en rodajas, a gusto
- Queso descremado, 200 gr
- Zanahorias, 2
- Tofu, a gusto
- Cebollas, 2
- Queso roquefort, 100 gr (u otro)

PREPARACIÓN

1• Mezclar en un bol, las harinas con la sal.
2• Aparte, licuar la manzana, el aceite y la levadura, con un poco de agua tibia. Incorporar a la preparación anterior y unir, añadiendo más agua si es necesario, hasta lograr un bollo tierno. Dejar que descanse en lugar cálido, 30 minutos.
3• Con las manos humedecidas, formar pequeñas figacitas y colocarlas en placas aceitadas. Pintarlas con el huevo batido y dejarlas leudar durante

30 minutos, en horno precalentado.

4• Cocinar en horno de temperatura media, 15 minutos. Retirar y dejar enfriar.

5• Cortar en mitades. Rellenar algunas con rodajas de tomates y una lonja
de queso; otras, con nituke de zanahorias y una cucharadita de tofu tri-
turado; y otras, con nituke de cebollas, espolvoreado con el roquefort rallado. Darles un golpe de horno, antes de servir.

Sopas, Guisos, Cazuelas, Potajes

Los platos calentitos

y económicos del invierno

(y algunos también del verano, por cierto)

VIVIR MEJOR

*"Somos alimentos transformados". Por lo tanto, si comemos bien, de-
beríamos tener una excelente salud, y también serían excelentes nuestros
pensamientos y sentimientos. Pero... cuando hablo de nutrirnos, no pienso
sóla en los productos nobles que nos brinda generosamente la tierra, sino
también en el aire que respiramos, en la actividad física que debemos tener y, por sobre todo, en la actitud positiva que se desarrolla en nuestra vida.*

*Seguramente, se nos puso en este planeta para que aprendamos y dis-
frutemos nuestra estadía. Pero los hombres, con nuestro libre albedrío, ol-
vidamos que las cosas que realmente importan las tenemos al alcance de
las manos y soñamos con quimeras difíciles de lograr, que tienen que ver
con lo material que poco placer duradero y espiritual nos proporcionan.*

*Una alimentación racional y consciente es un camino para una vi-
da mejor, a la que todos aspiramos. Todo tiene que ver con todo, por lo tanto, muchas de las afecciones físicas y psíquicas, estados depresivos, falta de
ganas y alegría, angustias sin razón, son causadas por una alimentación
caótica, a la que se somete a los organismos humanos, tan maravillosos y
resistentes que, a pesar de ello, continúan "funcionando". Nuestra naturaleza toda se resiente cuando la agredimos. Alguien dijo: "No se puede
arrancar una flor sin que tiemble una estrella".*

*Cuidar nuestro cuerpo no es egoísmo, es el principio esencial para lo-
grar el equilibrio con el universo entero.*

*Por todo lo que implica cambiar malos hábitos alimenticios, es que
ofrecemos estar recetas fáciles, sabrosas y económicas, que requieren muy
poco tiempo para su elaboración.*

COCCIÓN AL VAPOR (NITUKE)

*E*n la cocina natural, tratamos con enorme respeto los alimentos. Los usamos sacándoles el mayor provecho y procurando no derrochar ningún aspecto: ni el económico, ya que con esta dieta se gasta mucho menos, ni sus propiedades, que intentamos conservar al máximo.

Por eso no sometemos los vegetales a largas ebulliciones ni a altas temperaturas; de esa forma, perderían parte de sus vitaminas en la cocción, y pasarían al agua aquellas que son hidrosolubles, además de resultar desabridas y mermar mucho su volumen. En cambio, cuando cocinamos al vapor los vegetales, conservan su textura y color, el sabor es más intenso –puesto que mantie en sus sales naturales– y son más digeribles y nutritivos.

Si deseamos hervir verduras de hoja (espinacas, acelga, hojas de remolacha, etc), lo haremos usando sólo las gotas que quedan del lavado y el tiempo mínimo necesario, según el tipo de verdura. El vapor que genera la deshidratación será suficiente, siempre que la tapa de la cacerola cierrre bien.

Para este tipo de cocción, no necesitaremos ninguna olla especial; trabajaremos con las que usamos habitualmente, de la siguiente forma:

1) Pincelar el fondo de la cacerola a usar, con un poco de aceite.
2) Colocar las verduras por orden de dureza, de mayor a menor (si la receta lleva cebollas, colocarlas en primer término, porque el contacto con el aceite mejora su sabor). Tapar.
3) Poner al fuego.
4) Cocinar a fuego suave hasta que los vegetales estén listos (15 minutos, aproximadamente).

Esta forma de cocinar al vapor, tomada de la cocina china, se denomina **Nituke.** De esta manera, la cocción se efectúa por infiltración de vapores, y solamente tiene contacto con el fuego mínimo la primera capa de vegetales, mientras el resto se cocina con el mismo vapor y a menor temperatura. Esa ínfima cantidad de aceite utilizada sirve para mejorar el sabor y evitar que los vegetales se peguen. Aun así, si nuestra dieta es muy estricta, podemos reemplazar el aceite por un chorrito de agua.

Utensilios

- *Cacerolas de distintos tamaños. Pueden ser de acero inoxidable, enlozadas, de barro o de vidrio. La tapa debe cerrar bien. No son adecuadas las de aluminio, ya que despiden dióxido de aluminio (depresor hepático).*
- *Tablas de madera.*
- *Cuchillos de varios tamaños, con buen filo (recordar que si los dejamos cerca del fuego se destemplan y luego no cortan).*

Tener los elementos necesarios a mano, simplifica mucho nuestra tarea.

Sopas cremas

Para la elaboración de estas sopas, las verduras deben cocinarse en nituke, mientras que, por separado, se hierven las harinas –previamente remojadas en agua fría para que no formen grumos–, cereales o pastas que se hayan elegido.

Es conveniente salar poco y al final de la cocción.

CALDO NATURAL

INGREDIENTES

- *Agua, 1 y 1/2 litro*
- *Alga kombu, un trozo (optativo)*
- *Cebada perlada, 2 cucharadas*
- *Hojas de vegetales, a gusto (apio, coliflor, hinojo, etc.)*
- *Ajo, 3 dientes*
- *Albahaca y perejil, unas ramas*
- *Cebolla, 1*
- *Zanahoria, 1*
- *Zapallo, 250 gr*
- *Zapallitos, 2*

PREPARACIÓN

1• Disponer en una cacerola el agua, el alga y la cebada. Añadir las hojas de vegetales, los dientes de ajo, la albahaca y el perejil. Adicionar la cebolla, la zanahoria, el zapallo y los zapallitos.
2• Cocinar a fuego moderado y dejar hervir hasta que se reduzca a la mitad de su volumen.
3• Retirar el caldo y colarlo, utilizándolo como base para distintas sopas.

NOTAS

Recurrimos al alga kombu para alcalinizar el caldo, porque no lo impregna del fuerte sabor a mar que le dejan las otras algas.
Las hojas duras de vegetales que se usan serán las exteriores; generalmente, son las más verdes. No deben desecharse nunca, y esta es sólo una de sus

múltiples utilizaciones posibles.

Todo líquido de cocción de vegetales puede reemplazar a esta preparación, o bien, si así se lo desea, añadírsele.

Sopa CREMA DE CHOCLOS

INGREDIENTES

- *Aceite, 1 cucharada*
- *Cebollitas de verdeo, 2*
- *Cebolla, 1*
- *Zanahorias, 2*
- *Zapallo, 1/2 kg*
- *Choclos, 4*
- *Agua, 1/2 litro*
- *Sal marina, pizca*

PREPARACIÓN

1• Aceitar una cacerola. Disponer adentro las cebollitas de verdeo picadas (incluyendo sus partes verdes), la cebolla picada y las zanahorias y el zapallo en dados pequeños.

2• Tapar el recipiente y dejarlo a fuego suave durante 15 minutos. Mientras, desgranar los choclos y licuarlos con el agua. Verter el licuado sobre el nituke y continuar con la cocción otros 5 minutos.

3• Salar la sopa y servirla, si se desea, espolvoreada con perejil picado.

Sopa crema de arvejas

Vegetales rellenos, Niños envueltos, Croquetas, Hamburguesas

Locro de maíz y soja

Sopas, guisos, Cazuelas, potajes

Ensaladas, patés, Entremeses y canapés

Tallarines integrales a la oriental.

Berenjenas rellenas

Pan de avena

Pastas

Arrollado frío de harina de maíz

Croquetas de arroz y apio

Rollitos festivos

Cazuela de alcauciles

Ensalada primavera

Chop suey

$\mathscr{S}$OPA CREMA DE AVENA ARROLLADA

INGREDIENTES

- *Aceite, 1 cucharada*
- *Cebollitas de verdeo, 2*
- *Zanahorias, 2*
- *Zapallo, 1/2 kg*
- *Tomate, 1*
- *Apio, 2 tallos (con sus hojas)*
- *Avena arrollada, 6 cucharadas*
- *Agua, 1/2 litro*
- *Sal marina, pizca*

PREPARACIÓN

1• Pincelar con el aceite una cacerola. Poner adentro las cebollitas de verdeo finamente picadas (incluyendo sus partes verdes) y las zanahorias y el zapallo en dados pequeños. Incorporar el tomate y el apio picados.

2• Tapar y cocinar a fuego suave, 10 minutos. Aparte, cocinar la avena en el agua durante 10 minutos. Mezclar ambas preparaciones y continuar cocinando, 5 minutos más.

3• Retirar la sopa, condimentar y servir.

$\mathcal{S}$OPA CREMA DE HONGOS

INGREDIENTES

- *Aceite, 2 cucharadas*
- *Hongos frescos, 250 gr*
- *Cebollitas de verdeo, 2*
- *Harina de arroz integral, 1/2 taza*
- *Agua caliente, 1 litro (o líquido de cocción de una manzana)*
- *Sal marina y jengibre molido, pizca*

PREPARACIÓN

1• Pincelar una cacerola con el aceite. Poner adentro las cebollitas finamente picadas (con sus partes verdes) y los hongos en láminas. Tapar el recipiente y dejarlo a fuego suave durante 10 minutos.

2• Añadir la harina de arroz remojada en agua fría. Mezclar con cuchara de madera, a medida que se incorpora el agua.

3• Cocinar la sopa, 10 minutos. Condimentar y servir, si se desea, espolvoreando con perejil o berro finamente picado.

$\mathcal{S}$OPA CREMA DE ARVEJAS

INGREDIENTES

- *Aceite, 1 cucharada*
- *Puerros, 2*
- *Zanahorias, 2*
- *Repollo chico, 1/2*
- *Harina de arvejas, 6 cucharadas*
- *Agua, 1 litro*
- *Queso rallado, para espolvorear*

PREPARACIÓN

1• Untar una cacerola con el aceite. Poner adentro los puerros picados (incluyendo sus partes verdes), las zanahorias ralladas y el repollo en juliana.

2• Tapar el recipiente y dejarlo a fuego suave durante 15 minutos. Aparte, remojar la harina en un poco de agua fría y llevar la restante a fuego fuerte. Cuando hierva, añadirle la harina, revolver y cocinar por 15 minutos a fuego lento.

3• Mezclar ambas preparaciones y servir la sopa, espolvoreándola con queso rallado.

SUGERENCIA

Se pueden utilizar harinas de otras legumbres, para variar sabores.

GAZPACHO

INGREDIENTES

- *Agua, 1 litro*
- *Ajo, 3 dientes*
- *Albahaca fresca, 6 ó 7 hojas*
- *Orégano fresco, 1 ramito*
- *Tomates perita, 4*
- *Aceite, 1 cucharada*
- *Sal marina, a gusto*
- *Pepino, 1*
- *Ají, 1*
- *Cebollita de verdeo, 1*
- *Jugo de limón*
- *Pan integral, a gusto*

PREPARACIÓN

1• Licuar 1/4 litro de agua junto con los dientes de ajo, las hojas de albahaca y orégano, 2 tomates perita y el aceite.

2• Añadir agua hasta completar el litro y salar. Verter la preparación en una sopera.

3• Adicionar los tomates restantes, el pepino, el ají y la cebollita de verdeo (con sus hojas verdes), todo finamente picado.

4• Completar con el jugo de limón y cuadraditos de pan, previamente tostados en horno a temperatura fuerte.

CAZUELA MARINERA

INGREDIENTES

- *Arroz integral cocido, 4 tazas*
- *Arvejas secas, 1 taza*
- *Aceite, 2 cucharadas*
- *Puerros, 2*
- *Cebolla, 1*
- *Ajo, 1 diente*
- *Zanahorias, 2*
- *Ají colorado, 1*
- *Tomates, 2*
- *Algas, a gusto*
- *Laurel, 1 hoja*
- *Sal marina, 1 cucharadita*
- *Orégano, jengibre molido y salsa de soja, a gusto*

PREPARACIÓN

1• Cocinar las arvejas, previamente remojadas durante 6 horas, en la misma agua de remojo.

2• Untar una cacerola con el aceite y colocar adentro los puerros y la cebolla picados, el diente de ajo en láminas, las zanahorias y los ajíes en tiras, los tomates picados y las algas.

3• Adicionar el laurel y el pimentón, disuelto en 1/2 pocillo de agua. Tapar y llevar sobre fuego suave, hasta que las verduras estén cocidas.

4• Mezclar el nituke con el arroz y las arvejas, condimentando todo con la sal, el orégano y el jengibre. Mantener caliente y servir en recipientes individuales, adicionando salsa de soja a gusto.

NOTA

Si las arvejas son frescas, cocinarlas en el nituke.

CAZUELA DE ALCAUCILES

INGREDIENTES

- *Alcauciles, 1 kg*
- *Habas frescas peladas, 1/2 kg (o arvejas frescas)*
- *Agua, cantidad necesaria*
- *Zanahorias, 2*
- *Papas, 1/2 kg*
- *Batatas, 1/2 kg*
- *Sal marina, 1 cucharadita*
- *Queso rallado, para espolvorear*
- *Perejil picado, a gusto*

Salsa
- *Aceite, 2 cucharadas*
- *Cebollita de verdeo, 1*
- *Cebolla, 1*
- *Harina de arroz integral, 1 taza*
- *Agua, 1/2 litro*
- *Sal marina y jengibre, pizca*

PREPARACIÓN

1• Limpiar los alcauciles, quitándoles las hojas duras y las puntas. Cortarlos en cuartos y ponerlos en una cacerola, con las habas y agua en cantidad suficiente como para cubrirlos. Tapar y llevar a fuego suave.

2• A mitad de cocción, adicionar las zanahorias, las papas y las batatas en daditos. Continuar cocinando hasta que los vegetales estén a punto. Condimentar.

3• Servir en cazuelas individuales, cubrir con la salsa y espolvorear con queso rallado y perejil picado, previamente mezclados.

Salsa

1• Untar una cacerola con el aceite. Disponer adentro la cebollita de verdeo (incluyendo sus partes verdes) y la cebolla finamente picadas. Tapar y cocinar a fuego suave, hasta que el nituke esté a punto.

2• Añadir la harina remojada en el agua, revolviendo con cuchara de madera. Continuar revolviendo hasta que espese. Condimentar y utilizar.

$\mathscr{P}$OTAJE DE TRIGO Y GARBANZOS

INGREDIENTES

- *Garbanzos, 1/2 kg*
- *Trigo integral, 1/2 kg*
- *Agua, cantidad necesaria*
- *Zanahorias, 2*
- *Acelga, 1 atado*
- *Sal marina y jengibre, pizca*
- *Orégano, 1 cucharadita*
- *Perejil picado, a gusto*

Salsa

- *Aceite, 2 cucharadas*
- *Cebolla, 1*
- *Cebollita de verdeo, 1*
- *Ají, 1*
- *Tomates, 2*
- *Laurel, 1 ó 2 hojas .*
- *Ajo, 1 diente*

PREPARACIÓN

1• Remojar los garbanzos por 8 horas y cocinarlos hasta que estén tiernos.

2• Cocinar el trigo integral, previamente remojado por 8 horas, en la misma agua de remojo.

3• Mezclar ambas cocciones y adicionarles las zanahorias en rodajas finas y la acelga en juliana. Tapar y continuar cocinando a fuego suave, hasta que los vegetales estén tiernos.

4• Aparte, pincelar una cacerola con el aceite. Poner adentro la cebolla y la cebollita (con sus hojas verdes) picadas, el ají en tiritas, los tomates triturados, el laurel y el ajo picado. Tapar y cocinar a fuego suave durante 15 minutos.

5• Incorporar la salsa a la preparación anterior y condimentar con la sal, el orégano y el jengibre. Espolvorear con el perejil picado y servir.

CHOP SUEY

- *Aceite, 1 cucharada*
- *Cebollita de verdeo, 2*
- *Zanahorias, 2*
- *Ají, 1*
- *Chauchas, 250 gr*
- *Repollo, 250 gr*
- *Almendras, 100 gr*
- *Brotes de soja, 250 gr*
- *Tofu, 200 gr*
- *Salsa de soja, a gusto*
- *Arroz integral cocido, 3 tazas*
- *Sal marina, 1 cucharadita*

PREPARACIÓN

1• Untar una cacerola con el aceite y poner adentro la cebollita picada (incluyendo las hojas verdes), las zanahorias, el ají y las chauchas cortados en tiritas y el repollo en fina juliana. Tapar el recipiente y colocarlo a fuego suave durante 15 minutos.

2• Adicionar las almendras en mitades, el tofu en cubitos y los brotes de soja, condimentando todo con la salsa de soja. Cocinar 5 minutos más.

3• Ubicar en una cazuela el arroz cocido caliente, cubriéndolo con la preparación anterior, previamente sazonada.

LOCRO DE MAÍZ Y SOJA

INGREDIENTES

- Maíz partido, 1 taza
- Porotos de soja, 1/2 taza
- Zapallo calabaza, 1 kg
- Choclos, 3
- Sal marina, pizca
- Queso rallado, para espolvorear

Salsa
- Aceite, 1 cucharada
- Cebollitas de verdeo, 2
- Puerros, 2
- Zanahorias, 2
- Ají rojo, 1
- Pimentón, 1/2 cucharada
- Sal marina y jengibre molido, pizca

PREPARACIÓN

1• Poner el maíz y los porotos (remojados la noche anterior) en una cacerola y cubrirlos con agua fría. Cocinar a fuego moderado hasta que estén tiernos y adicionar el zapallo en cubos. Cocinar hasta que casi esté a punto.

2• Añadir los choclos desgranados y continuar cocinando hasta que estén tiernos, unos 10 minutos. Salar.

3• Servir en cazuelas individuales; cubrir con la salsa y espolvorear cada porción con queso rallado.

Salsa

1• Pincelar una cacerola con el aceite. Poner adentro las cebollitas de verdeo y los puerros finamente picados (incluyendo sus partes verdes), las zanahorias ralladas y el ají en tiras finas. Añadir el pimentón disuelto en un poco de agua fría, la sal marina y el jengibre.

2• Tapar y cocinar a fuego suave durante 15 minutos. Retirar y utilizar.

CARBONADA DE CHOCLOS

INGREDIENTES

- Aceite, 1 cucharada
- Zapallo calabaza, 1 kg
- Choclos, 6
- Albahaca, hojas
- Duraznos pelones desecados, 4
- Sal marina, pizca

Salsa

- Aceite, 1 cucharada
- Cebolla, 1
- Zanahorias, 2
- Ají, 1
- Tomates perita, 2
- Pimentón dulce, 1 cucharadita
- Sal marina y jengibre molida, pizca

PREPARACIÓN

1• Cocinar los pelones, previamente cortados y remojados, en la misma agua de remojo, hasta que estén tiernos.

2• Desgranar los choclos en un recipiente y cubrirlos con agua fría. Adicionar la albahaca y poner el recipiente al fuego. Cuando rompe el hervor, bajar el fuego a mínimo y continuar cocinando durante 7 minutos más.

3• Pincelar una cacerola con el aceite. Colocar adentro el zapallo en cubos pequeños. Tapar y cocinar a fuego muy suave hasta que esté tierno. Incorporar los choclos y los duraznos junto con sus líquidos de cocción.

4• Condimentar y servir, acompañando con la salsa.

Salsa

1• Untar una cacerola con el aceite y disponer adentro la cebolla picada, las zanahorias ralladas, el ají en finas tiras y los tomates triturados. Tapar y cocinar durante 15 minutos.

2• Retirar, condimentar y servir.

Vegetales Rellenos, Croquetas, Hamburguesas

Son los sencillos, vistosos
Y coloridos platos centrales
De una comida natural.

LOS TRASTORNOS EMOCIONALES

*U*stedes se preguntarán qué relación puede haber entre los vegetales y el estrés.

Les voy a contar algo que he notado en la mayoría de las personas con las que me relacioné durante estos años de trabajo. Por lo general, la gente se acerca para hablar de sus problemas de salud, y termina contando algo que está mucho más allá del síntoma, ya se trate de obesidad, artrosis, caída del cabello, úlcera u otro.

Esto me ha dado la pauta de que, en un gran porcentaje, el ritmo de vida actual es lo que nos lleva a enfermarnos, fundamentalmente por incomunicación, soledad, miedo a enfrentarnos con nosotros mismos, en definitiva, por temor a hacernos cargo de nuestra libertad.

Lo que necesitamos, en realidad, es dar y recibir amor.

Si no, ¿cómo puede entenderse que en Buenos Aires, en el siglo XXI, con todos los avances de los que gozamos, con las posibilidades crecientes de insertarnos en los distintos medios, con la cantidad de oportunidades de disfrutar de espectáculos, ferias y exposiciones (muchos con entrada libre) y, sobre todo, rodeados de tanta belleza natural, podamos sentirnos aburridos o solos?

Pienso que lo que nos enferma es habernos enrolado en una sociedad consumista que nos crea necesidades falsas, de cosas que irónicamente muchas veces no podemos disfrutar por falta de tiempo, ese tiempo que le dedicamos a conseguirlas...

Siento que nuestro paso por la vida es muy importante y que debemos reflexionar sobre ello.

Ese tiempo "tan precioso" nos pertenece y, como tal, hay que disfrutarlo y compartirlo.

Que nuestra vida tenga tiempo de trabajo, de descanso, de recreación y de servicio.

Como podemos comprobar a cada instante, una actitud positiva y de comprensión hacia nuestros semejantes, una palabra de aliento, una sonrisa, una alegría compartida, un poema, la contemplación de un bello paisaje, el canto de un pájaro, etc. son, junto con una buena alimentación, los ingredientes perfectos para recuperar la salud de nuestro cuerpo y alma.

Agradezcamos a Dios el poder valorarlo.

$\mathcal{T}$OMATES RELLENOS

INGREDIENTES

- *Tomates redondos, 1 kg (medianos)*
- *Sal marina, pizca*
- *Orégano, 1 cucharadita*
- *Aceitunas, 6*

Relleno
- *Aceite, 1 cucharada*
- *Puerros, 2*
- *Zanahoria, 1*
- *Ají, 1*
- *Tofu, 250 gr*
- *Salsa de soja, 1 cucharada*
- *Sal marina, pizca*
- *Arroz integral cocido, 1 taza*

PREPARACIÓN

1• Lavar y ahuecar los tomates. Colocarlos en una fuente para horno, ligeramente aceitada. Salar y espolvorear con el orégano.
2• Rellenar y decorar con trocitos de aceitunas verdes. Gratinar a temperatura fuerte; retirar y servir.

Relleno
1• Untar una cacerola con el aceite y poner en ella los puerros picados (incluyendo sus hojas verdes), la zanahoria rallada, el ají en tiras finas y el tofu en cubos pequeños.

2 • Adicionar parte de la pulpa de los tomates y condimentar todo con la salsa de soja y la sal. Tapar el recipiente y mantenerlo sobre fuego suave, 10 minutos, hasta que esté a punto.

3 • Retirar, incorporar el arroz y rellenar los tomates.

ROLLITOS FESTIVOS

INGREDIENTES

- *Repollo blanco, 1 (chico)*
- *Repollo rojo, 1 (chico)*
- *Manzana ácida, 1*
- *Trigo sarraceno cocido, 2 tazas (u otro cereal)*
- *Yogur natural, 1*
- *Cebollita de verdeo, 1*
- *Aceite, 2 cucharadas*
- *Jugo de limón, 2 cucharadas*
- *Sal marina y jengibre, pizca*

PREPARACIÓN

1• Sacar las hojas exteriores de los repollos y pasarlas por agua hirviendo.

2• Picar los centros de los repollos y preparar un nituke, untando una cacerola con 1 cucharada de aceite, el repollo y la manzana picados. Cocinar 10 minutos.

3• Mezclar el trigo sarraceno cocido con la preparación anterior. Agregarle la cebollita finamente picada, condimentar con sal y jugo de limón y rellenar las hojas con este preparado.

4• Arrollar y poner en una fuente tapizada con hojitas de berro. Los rollitos deben colocarse alternando uno blanco y otro rojo.

5• Mezclar el yogur con el jugo de limón, la sal y el jengibre y salsear.

ARROLLADITOS DE AKUSAY

INGREDIENTES

- *Akusay, 1 (grande)*
- *Queso roquefort rallado, 3 cucharadas (optativo)*
- *Germen de trigo, 3 cucharadas*

Relleno
- *Aceite, 1 cucharada*
- *Puerro, 1*
- *Cebolla, 1*
- *Zanahoria, 1*
- *Ají, 1*
- *Nueces picadas, 50 gr*
- *Pasas de uva, 50 gr (sin semillas)*
- *Arroz integral cocido, 2 tazas*
- *Huevo, 1 (optativo)*
- *Sal marina y jengibre, pizca*

Crema de Zapallo
- *Aceite, 1 cucharada*
- *Zapallo calabaza, 1/2 kg*
- *Huevo, 1*
- *Sal marina y comino, pizca*

PREPARACIÓN

1• Hervir ligeramente las hojas grandes del akusay (reservando las hojas centrales), cuidando que queden enteras. Escurrir y dejar enfriar.

2• Cubrirlas con el relleno y arrollarlas. Ubicarlas en una fuente para horno, aceitada. Salsear con la crema de zapallo y espolvorear con el queso rallado y el germen. Gratinar a temperatura fuerte y servir.

Relleno

1• Untar una cacerola con el aceite y poner en ella el puerro (incluyendo sus partes verdes), la cebolla, la zanahoria y el ají, todos picados, y las hojas centrales del akusay. Tapar y cocinar a fuego suave, hasta que el nituke esté a punto.

2• Retirar y adicionar las nueces, las pasas, el arroz y el huevo, mezclando bien. Condimentar con la sal y el jengibre. Utilizar.

Crema de Zapallo

1• Untar una cacerola con el aceite y poner adentro el zapallo en cubos. Tapar y cocinar a fuego suave, hasta que esté tierno.

2• Retirar y licuar junto con el huevo, la sal y el comino. Utilizar.

NOTA

Pueden utilizarse hojas de acelga, o repollo en lugar de akusay.

$\mathcal{N}$IÑOS ENVUELTOS DE REPOLLO

INGREDIENTES

- *Repollo, 1 (mediano)*
- *Orégano, 1 cucharadita*
- *Sal marina, pizca*

Relleno

- *Aceite, 1 cucharada*
- *Cebollas, 2*
- *Trigo burgol cocido, 2 tazas*
- *Salsa provenzal, 1 cucharada (ver nota de Pan de Harina de Arvejas, pág. 59)*
- *Huevo, 1*
- *Sal marina, pizca*
- *Queso rallado, 3 cucharadas*

Salsa

- *Tomates perita, 1/2 kg*
- *Cebollita de verdeo, 1*
- *Albahaca, 1 rama*
- *Sal marina, pizca*
- *Laurel, 1 hoja*

PREPARACIÓN

1• Hervir el repollo y dejarlo enfriar, mientras escurre. Deshojarlo y reservar el centro para el relleno.

2• Rellenar las hojas grandes, previamente espolvoreadas con el orégano y la sal. Arrollar como ataditos y ponerlos en el fondo de una cacerola, verter encima la salsa. Tapar el recipiente y cocinar a fuego suave durante 30 minutos.

3• Retirar y servir enseguida.

Relleno

1• Untar una cacerola con el aceite y poner en ella las cebollas picadas junto con las hojas centrales del repollo. Tapar y cocinar a fuego suave, hasta que esté a punto.

2• Retirarlo y adicionarle el trigo burgol, la salsa provenzal, el huevo, la sal y el queso rallado. Mezclar y utilizar.

Salsa

1• Licuar los tomates, la cebollita, la albahaca y la sal. Añadir el laurel y utilizar.

ZAPALLITOS RELLENOS CON MIJO

INGREDIENTES

- *Zapallitos redondos, 1 kg (tiernos)*
- *Tomates, 2 (maduros)*
- *Queso rallado, 2 cucharadas*

Relleno
- *Aceite, 1 cucharada*
- *Puerros, 2*
- *Zanahorias, 2*
- *Mijo pelado cocido, 2 tazas*
- *Sal marina, pizca*
- *Nuez moscada y jengibre molido, a gusto*

PREPARACIÓN

1. Cocinar ligeramente los zapallitos en agua hirviendo, hasta que estén tiernos (pero armados). Cortarlos en mitades, ahuecarlos y reservar la pulpa.
2. Rellenarlos y disponerlos en una asadera aceitada. Cubrir con los tomates triturados y espolvorear con queso rallado. Gratinar en horno de temperatura fuerte y servir.

Relleno
1. Preparar un nituke con los puerros picados (incluyendo sus partes verdes) y las zanahorias en cubos pequeños.
2. Cuando esté a punto, retirar y adicionar el mijo y la pulpa reservada; condimentar con la sal, la nuez moscada y el jengibre. Utilizar.

ℋAMBURGUESAS DE SOJA

INGREDIENTES

- *Porotos de soja cocidos, 2 tazas*
- *Arroz integral cocido, 2 tazas*
- *Salsa Provenzal, 2 cucharadas (ver nota de Pan de Harina de Arvejas, pág. 59)*
- *Cebollita de verdeo, 1*
- *Sal marina, pizca*
- *Orégano, 1 cucharadita*

Decoración *(optativo)*
- *Tomates perita, 4*
- *Muzzarella, rodajitas*
- *Aceitunas negras, 6*

PREPARACIÓN

1 • Triturar los porotos de soja aún calientes y colocarlos en un bol. Agregar el arroz también caliente, la salsa provenzal (ver pág. 57) y la cebollita finamente picada (incluyendo sus partes verdes).

2 • Mezclar bien, condimentando con la sal y el orégano. Con las manos humedecidas, formar hamburguesas y colocarlas sobre placas aceitadas. Pincelarlas ligeramente con aceite y decorarlas con rodajitas de tomate, muzzarella y tiras de aceituna.

3 • Cocinar en horno de temperatura fuerte durante 10 minutos. Retirar y servir con una guarnición de vegetales crudos.

SUGERENCIAS

Se puede utilizar otro cereal en lugar del arroz.

Para preparar hamburguesas de aduki, utilizar porotos aduki en vez de soja, y comino en lugar de orégano.

BERENJENAS RELLENAS

INGREDIENTES

- Berenjenas, 1 kg (medianas y parejas)
- Tomates, 4 (maduros)
- Queso rallado, a gusto

Relleno
- Aceite, 1 cucharada
- Cebollas, 3 (grandes)
- Ricota descremada, 400 gr
- Salsa provenzal, 1 cucharada (ver nota de Pan de Harina de Arvejas, pág. 57)
- Orégano, 1 cucharadita
- Sal marina, pizca

PREPARACIÓN

1• Cocinar las berenjenas en agua hirviendo hasta que estén tiernas. Escurrirlas y cortarlas en mitades a lo largo. Retirar la pulpa y reservarla, desechando las semillas.

2• Disponer las berenjenas en una asadera aceitada. Rellenarlas y cubrirlas con los tomates licuados. Espolvorear con el queso rallado.

3• Hornear a temperatura fuerte hasta gratinar y servir.

Relleno

1• Untar una cacerola con el aceite y colocar adentro las cebollas finamente picadas. Tapar y cocinar hasta que estén tiernas.

2• Retirar y agregar la pulpa de las berenjenas triturada, la ricota, la salsa provenzal (ver pág. 57), el orégano y la sal. Mezclar bien y utilizar.

CROQUETAS DE ARROZ Y APIO

INGREDIENTES

- Aceite, 1 cucharada
- Cebollita de verdeo
- Apio, 1 (chico)
- Arroz integral cocido, 3 tazas
- Huevo, 1
- Queso rallado, 2 cucharadas
- Sal marina, pizca

PREPARACIÓN

1. Untar una cacerola con el aceite y preparar un nituke con la cebollita y el apio finamente picados. Tapar el recipiente y cocinar a fuego suave.
2. Retirar y agregar el arroz aún caliente, el huevo, el queso rallado y la sal, mezclando bien.
3. Con las manos humedecidas, formar las croquetas y disponerlas en una asadera aceitada. Cocinar en horno de temperatura fuerte, hasta que se doren.
4. Retirar y servir.

SUGERENCIAS

La cebollita de verdeo y el apio pueden agregarse crudos, finamente picados.

Para variar el sabor, pueden utilizarse distintos vegetales: hojas de coliflor, de rabanitos, etc.

CROQUETAS DE ARVEJAS

INGREDIENTES

- *Arvejas cocidas, 2 tazas*
- *Cebada perlada cocida, 1 taza*
- *Aceite, 1 cucharada*
- *Cebollita de verdeo, 1*
- *Salsa provenzal, 1 cucharada (ver nota de Pan de Harina de Arvejas, pág. 57)*
- *Orégano, 1 cucharadita*
- *Sal marina y jengibre molido, pizca*
- *Queso rallado, 2 cucharadas*
- *Tomates perita, 2*
- *Muzzarella, 150 gr*

PREPARACIÓN

1. Mezclar las arvejas cocidas y pisadas hasta formar un puré, con la cebada cocida. Aparte, picar la cebollita de verdeo e incorporar a la mezcla anterior; adicionarle la salsa provenzal (ver pág. 59), el orégano, el jengibre, la sal y el queso. Unir todo perfectamente.
2. Con las manos humedecidas, formar croquetas y colocarlas en placas para horno, aceitadas. Decorarlas con rodajitas de tomates y bastones finos de muzzarella (optativo).
3. Gratinar a temperatura fuerte.

SUGERENCIA

Puede usarse algún otro cereal en vez de la cebada.

CROQUETAS DE CHOCLO

INGREDIENTES

- Cebollas, 2
- Choclos, 1 kg
- Aceite, 1 cucharada
- Trigo burgol cocido, 1 taza
- Albahaca, 1 rama
- Ajo, 1 diente
- Pimentón y sal marina, pizca
- Queso rallado, a gusto
- Aceitunas negras, 6
- Zanahorias, 2 (en nituke)

PREPARACIÓN

1• Preparar un nituke con las cebollas picadas y los choclos rallados, en una cacerola untada con el aceite. Agregar un poco de agua y cocinar con el recipiente tapado, a fuego suave durante 10 minutos.

2• Retirar e incorporar el trigo burgol, la albahaca y el diente de ajo finamente picados, condimentando con el pimentón, la sal y el queso rallado.

3• Con las manos humedecidas, mezclar y formar las croquetas. Ubicarles en el centro, un trozo de aceituna o de zanahoria en nituke.

4• Disponerlas en una fuente para horno, aceitada y gratinar a temperatura fuerte, sólo unos minutos. Servir.

Pastas

Pastas

**El plato tradicional del domingo
y la tentación de cualquier
otro día de la semana...**

AMAOS LOS UNOS A LOS OTROS...

¡Cómo quisiera impregnarme de este mensaje y dejar de lado y para siempre las diferencias; ir a la esencia y olvidarme de las formas!

Hace horas que leí el diario y todavía siento opresión en el pecho, imágenes patéticas, guerra, violencia, la discriminación racial creciente en Europa... y me pregunto: ¿cómo puede ser que no hayamos aprendido a través de tanto horror?, ¿cómo países que han sido tan marcados, repiten lo mismo? ¿qué podemos hacer desde nuestro humilde lugar?

"Amaos los unos a los otros..."

Vuelve como contestación la cita bíblica, junto a imágenes cotidianas, y percibo que a dos mil años del nacimiento del Maestro Jesús, todavía su mensaje no ha sido comprendido.

Ayer mismo, reunidos con un grupo de amigos que siente, como yo, la necesidad de trabajarnos internamente, cometíamos el mismo error que tanto dolor causa. Sin darnos cuenta, volvíamos a dividir, a fraccionar.

Teniendo el Servicio como objetivo y sabiendo que es sólo al Padre al que Servimos, nos seguimos equivocando cuando decimos: nosotros y los otros... nuestro grupo, nuestra familia..., cuando creemos que asistimos a un enfermo o damos ropa a un necesitado...

No existe lágrima ajena ni alegría que no sea compartida.

Vi como en un espejo, reflejado el error, y vi al mismo tiempo al Sol derramarse e iluminar a todo por igual, sin diferencias, sin discriminar... Hoy entendí:

"Amaos los unos a los otros..."

RECOMENDACIONES GENERALES

1) Estirar y cortar

Tallarines

• Estirar la masa hasta el grosor deseado. Hacerla reposar 10 minutos, para que pierda el exceso de humedad.

• Espolvorear con harina y arrollar en forma encontrada.

• Cortar los tallarines con la ayuda de un cuchillo de buen filo y desenrollarlos.

• Espolvorearlos abundantemente con harina, para que no se peguen entre sí.

Moños

• Estirar la masa y espolvorearla con harina. Cortarla en rectángulos de 2 x 5 cm, con un cuchillo filoso.

• Presionar en la parte central, uniendo los bordes.

• El tamaño puede variar según la receta; este es el ideal para prepararlos con salsa o en minestrón. Para sopas, cortarlos más pequeños.

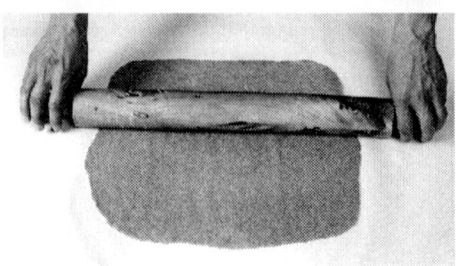
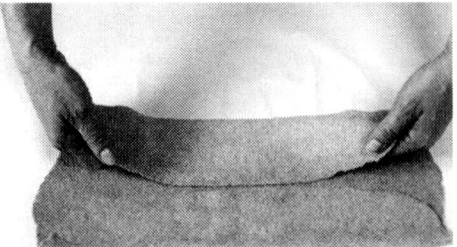

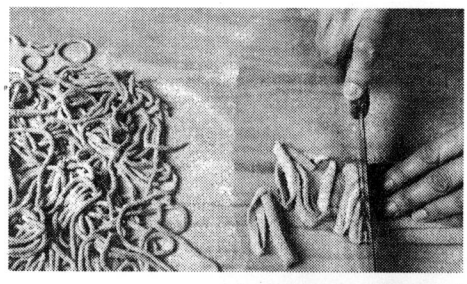

2) Cocinar

- En general, las pastas se cocinan en abundante agua hirviendo, con un poco de sal y unas gotas de aceite.
- Hervirlas según su grosor: 7 minutos para los tallarines; 10 minutos, las cintas.
- Colarlas y verterles un chorrito de agua fría, para detener el proceso de cocción y evitar que se peguen.

3) Conservar

- Pueden conservarse varios días (una semana). Después de cortarlas, dejarlas orear bien separadas y espolvorearlas con harina.
- Conservar en la heladera, una vez secas.

TALLARINES INTEGRALES A LA ORIENTAL. MASA BASE

INGREDIENTES

- *Harina de trigo integral superfina, 4 tazas*
- *Huevo, 1*
- *Aceite, 2 cucharadas*
- *Sal marina, 1 cucharada*
- *Agua, cantidad necesaria*
- *Queso rallado, a gusto*
- *Salsa Oriental (ver receta en pág. 153)*

PREPARACIÓN

1• Disponer la harina en forma de corona. Ubicar en el centro el huevo, el aceite y la sal. Unir los ingredientes, añadiendo el agua necesaria para obtener una masa consistente.

2• Dejarla descansar por 30 minutos. Estirarla sobre superficie enharinada y cortar tallarines de 1 cm de ancho.

3• Hervirlos en agua salada, con unas gotas de aceite, hasta que estén "al dente". Retirarlos, colarlos, cubrirlos con la salsa, espolvorearlos con queso rallado y servirlos.

CNTITAS DE ZANAHORIAS

INGREDIENTES

- *Zanahorias, 2 (en nituke)*
- *Aceite, 2 cucharadas*
- *Huevo, 1*
- *Sal marina y nuez moscada, a gusto*
- *Harina de trigo integral superfina, 4 tazas*
- *Queso rallado, para espolvorear*
- *Crema de Aduki (ver receta)*

PREPARACIÓN

1• Licuar las zanahorias con el aceite y el huevo e incorporar los condimentos.
2.• Verter el licuado en el centro de la harina dispuesta en forma de corona, uniendo bien hasta formar una masa consistente. Dejarla descansar por 30 minutos.
3• Estirarla sobre superficie enharinada, hasta lograr un espesor de 1/2 cm, y cortar cintitas del ancho deseado.
4• Cocinarlas de la manera habitual, colarlas (reservar el agua de cocción) y ubicarlas en una fuente. Cubrirlas con la crema, espolvorearlas con el queso rallado y servir.

SUGERENCIA

Se puede lograr otra variedad, usando morrones rojos, asados y pelados, en lugar de las zanahorias.

$\mathscr{L}$ASAGNAS ORIGINALES

INGREDIENTES

Masa

Ver receta de Tallarines Integrales (pág. 134)

Relleno 1

- Brócoli, 1 atado (cocido)
- Cebolla picada, 1 (rehogada)
- Salsa bechamel espesa, 1/2 taza (ver receta pág. 156)
- Salsa provenzal, 2 cucharadas (ver nota de Pan de Harina de Arvejas, en pág 57)
- Sal marina y nuez moscada, pizca
- Queso rallado, 2 ó 3 cucharadas

Relleno 2

- Cebolla picada, 1 (rehogada)
- Ricota descremada, 200 gr
- Zapallo cocido, 1/2 kg
- Nueces picadas, 25 gr

PREPARACIÓN

1• Preparar la masa de la forma indicada.
2• Estirarla finamente y cortarla en cintas de 4 x 10 cm de ancho. Cocinarlas de la manera habitual y colarlas.
3• Disponerlas en una asadera, por capas, alternándolas con el relleno. Terminar con una capa de lasagnas y cubrir con la salsa de tomates.
4• Espolvorear con el queso rallado y gratinar.

Relleno 1

1• Picar el brócoli y adicionarle la cebolla, la salsa bechamel, la provenzal y los condimentos.

2• Mezclar, añadiendo el queso rallado. Utilizar.

Relleno 2

1• Mezclar todos los ingredientes.

ℛAVIOLES DE ESPINACA

INGREDIENTES

- Harina de trigo integral superfina, 400 gr
- Harina de soja, 3 cucharadas
- Huevo, 1
- Aceite, 1 cucharada
- Sal marina, 1 cucharada
- Agua, cantidad necesaria
- Salsa natural de tomates (ver receta en pág. 151)
- Queso rallado, para espolvorear

Relleno
- Espinacas, 2 atados
- Aceite, 1 cucharada
- Cebollas, 2
- Ricota descremada, 250 gr

PREPARACIÓN

1 • Disponer las harinas en forma de corona. Ubicar en el centro el huevo, el aceite y la sal marina. Mezclar, añadiendo el agua suficiente como para lograr una masa compacta. Dejarla descansar 30 minutos.

2 • Estirar la masa finamente y cortarla en mitades. Distribuir el relleno sobre una de ellas y cubrirlo con la otra. Marcar y cortar los ravioles.

3 • Cocinarlos en agua hirviendo, sal y gotas de aceite, durante 10 minutos. Colarlos, ubicarlos en una fuente. Cubrirlos con la salsa natural y el queso rallado. Servir.

Relleno

1• Cocinar la espinaca al vapor; escurrirla y picarla. Incorporarle las cebollas picadas finamente y rehogadas en el aceite.

2• Adicionar la ricota, condimentando con sal y nuez moscada. Mezclar y utilizar.

SUGERENCIA

Con la misma masa y relleno, puede prepararse un arrollado de verduras. Estirar la masa en forma de rectángulo y untarla con el relleno. Arrollar y envolver en un lienzo; atarlo, sin presionar. Hervir el arrollado en agua salada y escurrirlo cuidadosamente; retirarle los hilos y el lienzo. Cortarlo en rodajas y disponerlas en una fuente, cubriendo con la salsa y espolvorear con queso rallado. Servir.

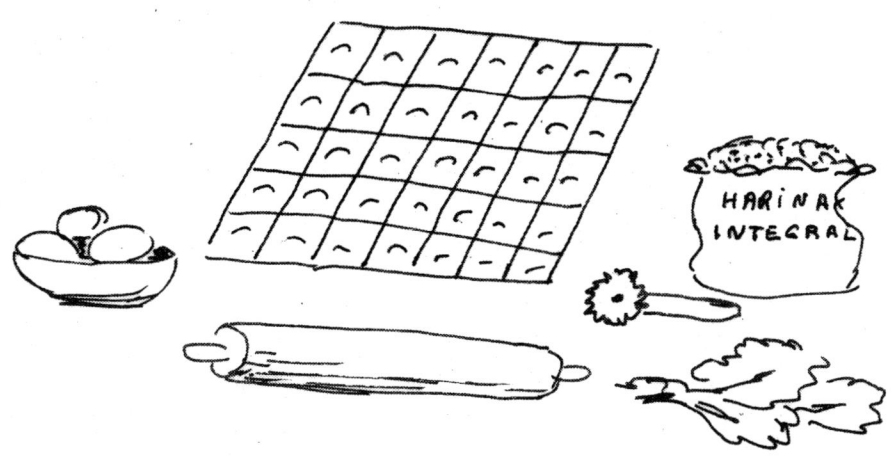

PANZOTTI A LA PROVENZAL

INGREDIENTES

- *Harina de trigo integral superfina, 500 gr*
- *Huevo, 1*
- *Sal marina, 1 cucharadita*
- *Agua, cantidad necesaria*
- *Crema Provenzal (ver receta en pág. 154)*

Relleno
- *Batatas dulces, 1/2 kg*
- *Zapallo calabaza, 1/2 kg*
- *Queso rallado, sal marina y jengibre molido, a gusto*

PREPARACIÓN

1• Disponer la harina en forma de corona y ubicar en el centro el huevo, el aceite y la sal.
2• Formar un bollo, agregando el agua necesaria. Dejarlo reposar durante 30 minutos.
3• Estirarlo finamente. Cortar la masa en dos porciones; untar una de ellas con el relleno y cubrirla con la restante.
4• Cortar los panzotti –de mayor tamaño que los ravioles– y cocinarlos en agua salada, con unas gotas de aceite. Colarlos y ubicarlos en una fuente. Cubrilos con la crema provenzal (ver pág. 154). Gratinar a temperatura fuerte y servirlos.

Relleno
1• Pelar las batatas y el zapallo. Cortarlos en cubos y cocinarlos en poca

agua. Colarlos, reservando el líquido de cocción, y hacer un puré.

2• Condimentarlo con el queso, sal marina y jengibre. Si se desea mayor consistencia, adicionar un huevo o unas cucharadas de germen de trigo. Mezclar y utilizar.

SUGERENCIA

Para variar, servir los panzotti con salsa de algas (ver receta en pág. 159).

CANELONES DE VERDURA

INGREDIENTES

Pasta

- *Agua, 750 cm³ (o leche de soja)*
- *Aceite, 2 cucharadas*
- *Huevo, 1*
- *Harina de trigo integral superfina, 2 tazas*
- *Sal marina, 1 cucharadita*
- *Salsa campestre (ver receta en pág. 155)*

Relleno

- *Aceite, 2 cucharadas*
- *Cebolla, 1*
- *Harina de arroz integral, 2 cucharadas (u otra harina)*
- *Caldo caliente, 1 taza (o agua)*
- *Espinacas, 2 atados*
- *Ajo, perejil y albahaca frescos y picados, 1 cucharada*
- *Sal marina, queso rallado, nuez moscada y jengibre molido, a gusto*

PREPARACIÓN

Pasta

1• Mezclar o licuar todos los ingredientes. Dejar descansar durante 30 minutos, en heladera.
2• Preparar los panqueques de la manera habitual, usando 3 cucharadas de pasta por panqueque. Apilarlos hasta que estén fríos.
3• Rellenarlos, formando los canelones y colocarlos sobre una fuente aceitada. Cubrirlos con la salsa y espolvorearles queso rallado.

4• Calentarlos en horno a temperatura fuerte y servirlos.

Relleno

1• Picar la cebolla y rehogarla en el aceite. Agregar la harina remojada en un poco de agua, mezclando a medida que se añade el caldo caliente.

2• Retirar y adicionar la espinaca cocida, escurrida y picada, junto con el ajo, el perejil y la albahaca. Unir, condimentar y utilizar.

MOÑOS DE MORRÓN

- *Ajíes morrones, 2*
- *Aceite, 2 cucharadas*
- *Huevo, 1*
- *Sal marina, 1 cucharadita*
- *Harina de trigo integral superfina, 1/2 kg*
- *Perejil picado*
- *Agua, cantidad necesaria*
- *Queso rallado, a gusto*
- *Salsa bechamel (ver receta en pág. 156)*

PREPARACIÓN

1• Asar los ajíes y pelarlos. Licuarlos junto con el aceite, el huevo y la sal. Incorporar el licuado, de a poco, a la harina dispuesta en forma de corona y unir todo, agregándole el agua necesaria hasta obtener una masa consistente. Dejarla descansar durante 30 minutos.

2• Estirarla sobre superficie enharinada y cortar rectángulos para formar los moños. Cocinarlos de la manera habitual, hasta que estén "al dente".

3• Colarlos y servirlos, salseados con la salsa bechamel y espolvoreados con perejil picado y queso rallado.

ÑOQUIS VERDES CON SALSA DE ZAPALLO

INGREDIENTES

- Espinaca cocida, 1 atado
- Ricota descremada, 400 gr
- Sal marina y nuez moscada, pizca
- Aceite, 1 cucharada
- Harina de trigo integral superfina, 400 gr
- Salsa de zapallo (ver receta en pág. 157)
- Queso rallado, para espolvorear

PREPARACIÓN

1•Escurrir la espinaca y picarla finamente. Adicionarle la ricota y condimentar todo con sal marina, nuez moscada y el aceite.
2•Añadir harina integral en cantidad suficiente (la menor posible) como para obtener la consistencia deseada.
3•Formar los ñoquis y cocinarlos de la manera habitual. Colarlos y ubicarlos en una fuente. Cubrirlos con la salsa y espolvorearlos con queso rallado.

$\tilde{N}$OQUIS DE MIJO Y RICOTA A LA ROMANA

INGREDIENTES

- *Mijo cocido, 4 tazas*
- *Ricota descremada, 2 cucharadas*
- *Queso rallado, 1 cucharada*
- *Sal marina y jengibre, pizca*

PREPARACIÓN

1• Mezclar muy bien todos los ingredientes.
2• Verter la preparación sobre la mesada previamente aceitada. Extender la masa (aún tibia) con las manos humedecidas, hasta lograr un espesor de 1/2 cm. Dejar enfriar y cortar con cortapastas, discos de 2 cm de diámetro.
3• Cubrir con salsa natural, una fuente que se pueda llevar al horno y a la mesa. Colocar sobre la salsa los ñoquis, en forma escalonada. Salsear nuevamente y espolvorear con el queso rallado.
4• Gratinar al horno antes de servir.

$\mathcal{T}$ALLARINES VERDES

INGREDIENTES

- *Harina de trigo integral superfina, 1/2 kg*
- *Sal marina, pizca*
- *Espinaca, 1 atado*
- *Aceite, 2 cucharadas*
- *Huevo, 1*
- *Nuez moscada, a gusto*
- *Queso rallado, para espolvorear*
- *Pesto (ver receta en pág. 158)*

PREPARACIÓN

1• Disponer en un bol, la harina en forma de corona, con la sal.
2• Aparte, cocinar la espinaca al vapor; escurrirla perfectamente y licuarla con el aceite, el huevo y la nuez moscada. Incorporar poco a poco en el hueco central y mezclar, uniendo todos los ingredientes hasta obtener una masa consistente. Dejar descansar durante 30 minutos.
3• Estirar con palote hasta que la masa tenga un espesor de 1/2 cm. Cortar tallarines a gusto y cocinarlos como de costumbre.
4• Colarlos (reservando un poco del líquido de su cocción), ubicarlos en una fuente y aderezarlos con el pesto. Espolvorear con queso rallado y servir.

Salsas

Para
acompañar

$\mathcal{S}$ALSA NATURAL DE TOMATES

INGREDIENTES

- *Tomates peritas maduros, 1 kg*
- *Repollo, 1 hoja*
- *Laurel, 2 hojas*
- *Ajo, 1 diente*
- *Aceite de oliva, 1 cucharada*
- *Albahaca y orégano, a gusto*

PREPARACIÓN

1• Poner en una cacerola los tomates licuados, la hoja de repollo y el laurel. Cocinar a fuego suave, añadir el ajo, la albahaca y el orégano y tapar el recipiente.

2• Cuando esté a punto, adicionarle el aceite. Retirar y utilizar.

CREMA DE ADUKI

INGREDIENTES

- Aceite, 1 cucharada
- Cebollas, 2
- Porotos aduki cocidos, 250 gr
- Agua de cocción, cantidad necesaria
- Sal marina, orégano y tomillo, a gusto

PREPARACIÓN

1• Pincelar una cacerola con el aceite. Distribuir en ella las cebollas picadas. Tapar el recipiente y ponerlo a fuego mínimo, hasta que estén transparentes.

2• Aparte, licuar los porotos cocidos. Incorporar a la preparación anterior, agregando el agua de cocción que sea necesaria para que se logre la consistencia deseada.

3• Condimentar, retirar y utilizar.

$\mathcal{S}$ALSA ORIENTAL

INGREDIENTES

- *Aceite, 2 cucharadas*
- *Cebolla, 1*
- *Zanahorias, 2*
- *Chauchas, 250 gr*
- *Repollo, 250 gr*
- *Brotes de soja, 250 gr*
- *Salsa de soja, a gusto*

PREPARACIÓN

1• Pincelar una cacerola con el aceite. Poner en ella la cebolla picada, las zanahorias ralladas, las chauchas cortadas a lo largo y el repollo en juliana.

2• Tapar y cocinar a fuego suave, durante 15 minutos. Añadir los brotes y la salsa de soja. Continuar con la cocción, durante 5 minutos más. Utilizar.

CREMA PROVENZAL

INGREDIENTES

- *Aceite, 1 cucharada*
- *Ajo, 2 dientes*
- *Perejil y albahaca, 3 cucharadas*
- *Ricota descremada, 300 gr*
- *Sal marina, queso rallado y jengibre, a gusto*
- *Agua caliente, cantidad necesaria (o caldo)*

PREPARACIÓN

1• Rehogar ligeramente los ajos picados en el aceite y agregar el perejil y la albahaca picados.

2• Incorporar la ricota y los condimentos y mezclar bien, añadiendo el agua necesaria hasta que se logre la textura deseada.

$\mathcal{S}$ALSA CAMPESTRE

INGREDIENTES

- *Aceite, 1 cucharada*
- *Puerro, 1*
- *Zanahoria, 1*
- *Tomates perita, 1/2 kg (maduros)*
- *Laurel, 1 hoja*
- *Tomillo, pizca*
- *Orégano, a gusto*
- *Sal marina, pizca*

PREPARACIÓN

1• Untar una cacerola con el aceite. Poner adentro el puerro, la zanahoria rallada, los tomates licuados, el laurel, el tomillo y el orégano.
2• Cocinar a fuego lento hasta que esté a punto. Retirar y adicionar la sal. Utilizar.

$\mathcal{S}$ALSA BECHAMEL

INGREDIENTES

- *Aceite, 2 cucharadas*
- *Cebolla, 1*
- *Ajo, 2 dientes*
- *Harina de arroz integral (u otra), 1 taza*
- *Agua, 1/2 litro (o líquido de cocción)*
- *Sal marina, nuez moscada y jengibre, a gusto*

PREPARACIÓN

1• Rehogar ligeramente la cebolla y los dientes de ajo picados, en el aceite.

2• Agregar la harina remojada en un poco del agua fría. Mezclar bien, añadiendo el agua restante. Hervir hasta obtener una crema.

3• Condimentar y continuar cocinando, sin dejar de revolver, durante 10 minutos.

$\mathcal{S}$ALSA DE ZAPALLO

INGREDIENTES

- Aceite, 2 cucharadas
- Cebollitas de verdeo, 2
- Zapallo, 1/2 kg
- Pimentón, 1 cucharada
- Sal marina, orégano, albahaca y jengibre molido, pizca

PREPARACIÓN

1• Untar una cacerola con el aceite y poner en ella las cebollitas en aros (incluyendo sus hojas verdes) y el zapallo en cubos. Tapar el recipiene y cocinar a fuego suave, hasta que todo esté cocido.

2• Retirar, añadir el pimentón disuelto en una cucharada de agua y el resto de los condimentos. Utilizar.

$\mathcal{P}$ESTO

INGREDIENTES

- *Albahaca fresca, un puñado*
- *Ajo, 2 dientes*
- *Nueces, 12*
- *Aceite, 2 cucharadas*
- *Agua, cantidad necesaria (o líquido de cocción)*
- *Sal marina y jengibre, pizca*

PREPARACIÓN

1• Picar la albahaca, los dientes de ajo y las nueces. Mezclar con el aceite e ir agregando el agua necesaria, hasta lograr una crema.

2• Condimentar, retirar y utilizar.

SUGERENCIA

Para que el pesto rinda más, adicionar algunas hojas de espinaca cocida.

$\mathcal{S}$ALSA DE ALGAS

INGREDIENTES

- *Aceite, 1 cucharada*
- *Cebolla, 1*
- *Zanahorias, 3*
- *Algas molidas, 1 cucharada*
- *Salsa de soja, a gusto*

PREPARACIÓN

1 • Untar una cacerola con el aceite. Poner en ella la cebolla picada y las zanahorias ralladas. Tapar y cocinar hasta que estén tiernas.
2 • Agregar las algas y la salsa de soja.

Tartas, Budines, Soufflés y Tortillas

*Para variar magistralmente
las comidas cotidianas*

ALIMENTACIÓN SANA, RICA Y NATURAL

Los cereales, legumbres, semillas y frutos secos son fuente de vida.

La Naturaleza pone a nuestro alcance todos los elementos nutritivos esenciales, en estado puro (sin adulterar) para que los usemos así.

Todos sabemos que los procesos de refinamiento alteran la calidad del producto, al eliminar principalmente, tres minerales: el magnesio, el calcio y el hierro.

Un grano entero es un potencial de vida. Los minerales abundan en las semillas integrales, fósforo, magnesio, potasio, cinc, cobre, cobalto, sodio, vitaminas del grupo B, E y F y los ácidos grasos no saturados, la lecitina, que mantiene líquido el colesterol, evitando la formación de depósitos en las paredes de los vasos sanguíneos. Proteínas y enzimas.

Sólo una buena alimentación servirá para mantener un óptimo estado de salud y nada ayudará tanto al médico –cuando la salud esté resentida– como una dieta adecuada.

Si pensamos en la alimentación de los niños, nos damos cuenta de que comen mal porque así los acostumbramos y no tienen oportunidad de elegir. Muchos niños llegan a grandes, sin valorar la importancia de consumir frutas y verduras crudas y sin conocer los cereales integrales. Comen según la dieta de moda, alimentos superindustrializados y desvitalizados, cargados de aditivos químicos; distan de ser alimentos para convertirse casi en productos de utilería.

Vemos así cómo, desde pequeños, padecen varias afecciones: estreñimiento, catarros, resfríos, apatía, nerviosismo, etc. Tratando de resolver estos problemas, se les empieza a dar remedios de todo tipo, acostumbrando así al organismo a sustancias a las cuales debería recurrirse sólo frente a una real necesidad.

*El alimento "sano y puro" trae dentro de sí la energía que **cura y equilibra.***

TARTA DE ZAPALLITOS CON BECHAMEL

INGREDIENTES

Masa

- Harina de arroz integral, 1 taza
- Harina de trigo integral superfina, 2 tazas
- Sal marina, 1 cucharadita
- Levadura de cerveza, 1 cucharada de postre
- Agua tibia, 1 y 1/2 taza
- Aceite, 2 cucharadas
- Huevo, para pintar

Relleno

- Aceite, 1 cucharada
- Cebollitas de verdeo, 2
- Zucchini, 1 kg (zapallitos largos)
- Sal marina y orégano, pizca

Salsa bechamel especial

- Líquido de cocción de los zucchini
- Crema de leche, 3 cucharadas (optativo)
- Harina de arroz integral, 1 cucharada
- Queso rallado, 2 cucharadas
- Nuez moscada, pizca

PREPARACIÓN

Masa

1• Mezclar en un bol las harinas y la sal.

2• Aparte, disolver la levadura en 1/2 taza de agua tibia con 1 cucharada del aceite. Incorporar a la preparación anterior y unir bien, añadiendo el agua tibia necesaria hasta obtener un bollo consistente. Dejar descansar en sitio templado durante 30 minutos.

3• Estirar la masa sobre una superficie enharinada, hasta que tenga un espesor de 1/2 cm. Hojaldrar con el aceite restante, según las indicaciones de la receta Masa Hojaldrada Base para Empanadas (pág.189).

4• Estirarla nuevamente y forrar un molde rectangular aceitado. Hacer un repulgo en los bordes, pintar con huevo batido y rellenar.

5• Cocinar en horno de temperatura media, 20 minutos.

Relleno

1• Untar una cacerola con el aceite y poner adentro las cebollitas finamente picadas (incluyendo sus partes verdes) y los zucchini en cubos. Tapar y cocinar hasta que todo esté tierno.

2• Retirar y escurrir. Reservar el líquido de cocción. Condimentar con la sal y el orégano y rellenar.

Salsa bechamel especial

1• Mezclar con la crema, el líquido de cocción, que se ha reservado. Adicionarle la harina de arroz, revolviendo bien, y condimentar con el queso rallado y la nuez moscada.

2• Verter sobre el relleno.

$\mathscr{P}$ASTEL DE CEBOLLAS Y HONGOS

INGREDIENTES

Masa

- *Harina de trigo integral superfina, 3 tazas*
- *Germen de trigo, 3 cucharadas*
- *Sal marina, 1 cucharadita*
- *Levadura de cerveza, 1 cucharada de postre*
- *Agua tibia, 2 tazas*
- *Aceite, 1 cucharadas*
- *Huevo, 1 (optativo)*

Relleno

- *Aceite, 1 cucharada*
- *Cebollas, 4*
- *Hongos frescos, 250 gr*
- *Morrón, 1*
- *Nueces picadas, 50 gr*
- *Aceitunas negras, 8*
- *Fécula de maíz, 1 cucharada de postre*
- *Sal marina, pizca*
- *Muzzarella, 150 gr (o tofu)*

PREPARACIÓN

Masa

1• Mezclar en un bol, la harina con el germen y la sal.
2• Aparte, disolver la levadura en 1/2 taza de agua tibia junto con el aceite. Incorporar a la preparación anterior y unir bien, agregando el agua tibia

necesaria hasta lograr un bollo consistente. Dejar descansar en lugar templado durante 30 minutos.

3• Estirar finamente y cortar en 2 porciones. Con una de ellas, forrar un molde aceitado. Rellenar y cubrir con la otra porción de masa. Hacer un repulgo en los bordes y formar florcitas en la cubierta usando restos de masa.

4• Pintar con agua o con el huevo batido y cocinar en horno de temperatura media, 30 minutos. Retirar y dejar enfriar sobre rejilla.

Relleno

1• Aceitar una cacerola y disponer en ella las cebollas picadas y los hongos en láminas. Cocinar con el recipiente tapado, sobre fuego suave y hasta que esté tierno.

2• Retirar y colar. Reservar el líquido de cocción.

3• Ubicar las cebollas y los hongos sobre la masa del pastel, distribuir encima el morrón asado, pelado y cortado en tiras finas, junto con las nueces y las aceitunas picadas.

4• Mezclar el líquido de cocción reservado, con la fécula y la sal. Verterlo sobre el relleno, disponiendo lonjas de muzzarella (o de queso de soja), en forma pareja.

TARTA DE BRÓCOLI

INGREDIENTES

Masa

- Harina de trigo integral superfina, 2 tazas
- Semita de maíz, 1/2 taza (o harina de maíz fina)
- Sal marina, 1 cucharadita
- Huevo, 1
- Levadura de cerveza, 1 cucharada de postre
- Agua tibia, 1 taza
- Aceite, 2 cucharadas
- Queso rallado, 2 ó 3 cucharadas

Relleno

- Brócoli, 1
- Salsa provenzal, 2 cucharadas (ver nota de Pan de Harina de Arvejas, en pág. 57)
- Sal marina, pizca

Bechamel Dorada

- Aceite, 1 cucharada
- Ajo, 2 dientes
- Semita de maíz, 2 cucharadas (o harina de maíz fina)
- Líquido de cocción del brócoli, 1/2 litro
- Sal marina, pizca

PREPARACIÓN

Masa

1• Mezclar en un bol, la harina, la semita y la sal, disponiéndolas en forma de corona.

2• Aparte, disolver la levadura en 1/2 taza de agua tibia, junto con el aceite y el huevo batido. Incorporar en el hueco central y unir bien, añadiendo el agua tibia necesaria hasta obtener una masa tierna. Dejar descansar en un lugar cálido durante 30 minutos.

3• Aceitar un molde y distribuir adentro la masa con las yemas de los dedos humedecidas. Hacer un repulgo alrededor.

4• Cocinar en horno de temperatura media, 10 minutos. Retirar y rellenar. Cubrir con la salsa bechamel. Espolvorear la superficie con el queso rallado. Gratinar a temperatura fuerte, durante 5 minutos.

Relleno

1• Cocinar el brócoli al vapor, con un mínimo de agua. Retirarlo y escurrirlo. Reservar el líquido de la cocción.

2• Mezclar con la salsa provenzal, condimentando con la sal. Utilizar.

Bechamel Dorada

1• Cocinar ligeramente los ajos en el aceite. Agregar la semita hidratada en 6 cucharadas de agua fría, bajar a mínimo la llama y añadir el líquido de cocción hirviendo, a medida que se revuelve con cuchara de madera.

2• Continuar cocinando, sin dejar de revolver, 5 minutos. Salar y utilizar.

TARTA DE VERDURAS A LA NAPOLITANA

INGREDIENTES

Masa
Ver masa de Tarta de Zapallitos con Bechamel (pág. 164)

Relleno
- Aceite, 1 cucharada
- Acelga, 1 atado
- Cebollitas de verdeo, 1
- Sal marina y nuez moscada, pizca
- Ricota descremada, 100 gr (optativo)
- Queso rallado, 2 ó 3 cucharadas

Salsa
- Tomates, 3 (maduros)
- Ajo, 1 diente
- Sal marina y orégano, pizca

PREPARACIÓN

Relleno
1• Cocinar la verdura con un mínimo de agua. Retirar, escurrir y picar.
2• Aparte, untar una cacerola con el aceite y disponer adentro las cebollitas de verdeo finamente picadas (incluyendo sus partes verdes). Tapar y cocinar a fuego suave, hasta tiernizar.
3• Añadir las verduras picadas. Cocinar durante unos minutos más. Retirar y condimentar con la sal y la nuez moscada.
4• Incorporar la ricota, mezclando bien. Rellenar la tarta, cubriendo con la

salsa y espolvoreando con el queso rallado.

5• Cocinar en horno de temperatura media por 30 minutos.

Salsa

1• Licuar todos los ingredientes y utilizar.

SUGERENCIA

También pueden utilizarse espinacas u otra verdura de hoja.

BUDÍN DE COLIFLOR

INGREDIENTES

- *Coliflor, 1 (grande)*
- *Cebollita de verdeo, 1*
- *Ajo y perejil, picados, 1 cuchara (optativo)*
- *Trigo burgol cocido, 2 tazas*
- *Huevo, 1*
- *Sal marina y jengibre, pizca*
- *Queso rallado, 3 cucharadas*
- *Canela, pizca*

Crema de Zapallo

- *Zapallo, 1/2 kg (en nituke)*
- *Huevo, 1*
- *Sal marina, pizca*

PREPARACIÓN

1• Colocar la coliflor entera en una cacerola con 1 cm de agua en el fondo. Tapar y cocinar a fuego suave, hasta que esté tierna.

2• Retirar, escurrir y trocear. Reservar algunas florcitas para la decoración. Mezclar con la cebollita de verdeo finamente picada (incluyendo sus hojas verdes), el ajo y perejil, el trigo burgol y el huevo. Condimentar con la sal y el jengibre.

3• Verter la preparación en un molde aceitado. Cubrir con la crema de zapallo, espolvorear con el queso rallado y la canela.

4• Decorar con las florcitas reservadas y gratinar a temperatura fuerte.

Crema de Zapallo

1• Licuar todos los ingredientes y utilizar.

$\mathcal{B}$UDÍN DE CHOCLO

INGREDIENTES

- *Aceite, 1 cucharada*
- *Cebolla, 1*
- *Choclos, 6*
- *Albahaca fresca, 1 rama*
- *Arroz integral cocido, 2 tazas*
- *Sal marina y jengibre molido, pizca*
- *Queso rallado, 4 cucharadas*
- *Aceitunas negras, 6*
- *Zanahorias, 3 (en nituke)*
- *Huevo duro, 1*

Crema de Zanahorias
- *Zanahorias, 2 (en nituke)*
- *Líquido de cocción de las zanahorias, 1 taza*
- *Huevo, 1*
- *Queso rallado, 1 cucharada*
- *Sal marina, pizca*

PREPARACIÓN

1• Untar una cacerola con el aceite y colocar adentro la cebolla picada y los choclos desgranados o rallados. Adicionar un poco de agua y la albahaca. Cocinar a fuego suave durante 7 minutos.

2• Retirar y añadir el arroz integral, la sal, el jengibre y la mitad del queso rallado,

3• Verter parte de la preparación, en un molde de budín aceitado. Distribuir encima las aceitunas picadas, el nituke de zanahorias y rodajitas del huevo duro. Cubrir con la preparación restante.

4• Salsear con la crema de zanahorias y espolvorear con el queso rallado reservado. Gratinar a temperatura fuerte.

Crema de Zanahorias

1• Licuar todos los ingredientes y usar.

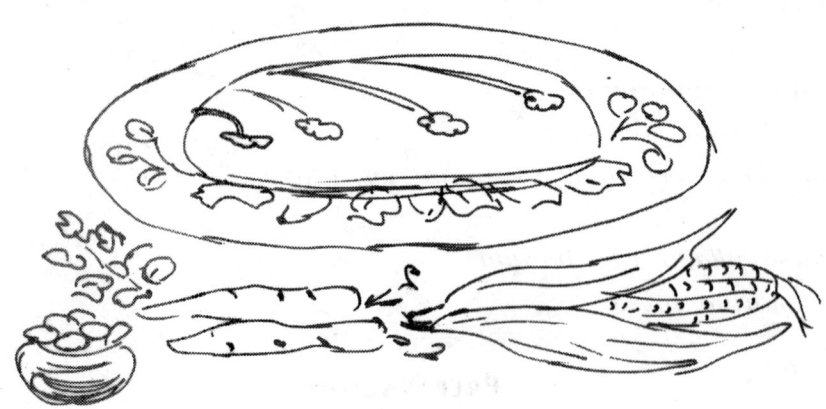

$\mathcal{T}$ARTA DE RICOTA Y CEBOLLA

Masa

- *Harina de trigo integral superfina, 2 tazas*
- *Harina de soja, 3 cucharadas*
- *Sal marina, 1 cucharadita*
- *Agua, 1 taza*
- *Levadura de cerveza, 1 cucharada de postre*
- *Aceite, 2 cucharadas*

Relleno

- *Aceite, 1 cucharada*
- *Cebollas, 3*
- *Ricota descremada, 400 gr*
- *Orégano, 1 cucharadita*
- *Sal marina, pizca*

PREPARACIÓN

Masa

1• Mezclar en un bol las harinas con la sal.
2• Aparte, disolver la levadura en 1/2 taza de agua junto con el aceite. Incorporar a la preparación anterior y unir bien, agregando el agua tibia necesaria hasta formar un bollo de mediana consistencia. Dejar descansar 30 minutos en lugar tibio.
3• Estirar con palote de 1/2 cm de grosor y disponer en un molde de tarta aceitado, haciéndole un repulgo alrededor.
4• Rellenar y cocinar en horno de temperatura media durante 20 minutos.

Relleno

1• Untar una cacerola con el aceite y colocar adentro las cebollas finamente picadas. Tapar y cocinar a fuego mínimo hasta que las cebollas resulten transparentes (10 minutos aproximadamente).

2• Retirar y adicionar la ricota; condimentar con el orégano y la sal. Mezclar bien.

3• Preparar la masa como se indicó y forrar con ella un molde. Rellenar la tarta con la preparación anterior. Hornearla de la manera habitual.

SOUFFLÉ DE ZAPALLITOS

- *Aceite, 1 cucharada*
- *Cebollas, 2*
- *Zapallitos, 1 kg*
- *Salsa provenzal, 2 cucharadas (ver nota de Pan de Harina de Arvejas, pág. 57)*
- *Huevos, 2*
- *Queso rallado, 2 cucharadas*
- *Sal marina y nuez moscada, pizca*

PREPARACIÓN

1• Untar una cacerola con el aceite y disponer adentro las cebollas picadas y los zapallitos en cubos. Tapar y cocinar a fuego suave, hasta que estén tiernos.

2• Retirar y escurrir. Reservar el líquido de cocción. Disponer el nituke en una asadera previamente aceitada y sobre la cual se ha extendido la salsa provenzal; presionar ligeramente.

3• Verter en el vaso de la licuadora el líquido de cocción reservado, los huevos, el queso rallado, la sal y la nuez moscada. Licuar y distribuir sobre los zapallitos.

4• Cocinar en horno de temperatura media, hasta coagular. Servir enseguida.

NOTA

Elegir zapallitos tiernos; lavarlos con cepillo y usarlos con sus cáscaras y semillas.

SUGERENCIA

Para preparar Soufflé de hinojos, utilizar hinojos en nituke.

SOPA PARAGUAYA

- *Aceite, 3 cucharadas*
- *Cebollas, 3*
- *Semita de maíz, 3 tazas (o harina de maíz fina)*
- *Agua, 4 tazas*
- *Ricota descremada, 200 gr*
- *Queso rallado, a gusto*
- *Huevo, 1 (optativo)*
- *Sal marina, 1 cucharadita*
- *Semillas de anís, 1 cucharadita (optativo)*

PREPARACIÓN

1• Untar una cacerola con una cucharada de aceite y colocar adentro las cebollas finamente picadas. Tapar el recipiente y cocinar a fuego suave,
hasta que estén tiernas.

2• Aparte, remojar la semita de maíz en el agua. Adicionar las cebollas con
el líquido de su cocción, la ricota, el queso rallado, el huevo batido, la
sal, las semillas de anís y el aceite restante.

3• Mezclar muy bien y verter en una fuente para horno, aceitada. Cocinar
en horno de temperatura media, durante 20 minutos.

$\mathcal{T}$ORTILLITAS DE VERDURA

INGREDIENTES

- Espinacas, 2 atados
- Trigo burgol cocido, 2 tazas
- Aceite, 1 cucharada
- Puerro, 1
- Cebollita de verdeo, 1
- Huevos, 2
- Salsa provenzal, 1 cucharada (ver nota de Pan de Harina de Arvejas, en pág. 57)
- Sal marina y nuez moscada, pizca
- Queso rallado, para espolvorear

PREPARACIÓN

1• Cocinar las espinacas por 5 minutos, con las gotas del agua del lavado. Escurrirlas y picarlas, mezclar con el trigo burgol.

2• Untar una cacerola con el aceite y colocar adentro el puerro y la cebollita de verdeo finamente picados (incluyendo sus partes verdes). Tapar y cocinar sobre fuego suave, hasta que estén a punto. Retirar y adicionar a la preparación anterior.

3• Añadir un huevo, la salsa provenzal, la sal y la nuez moscada. Unir y formar tortillitas, colocándolas en una fuente aceitada.

4• Pintarlas con el huevo batido restante y espolvorear con el queso rallado. Cocinar durante 5 minutos en horno de temperatura fuerte, para que coagule el huevo y se gratinen las tortillitas.

SUGERENCIAS

Se puede utilizar cualquier otra verdura de hoja, en lugar de las espinacas. Para preparar tortillitas de zanahoria, usar 1/2 kg de zanahorias en nituke, trituradas.

Pizzas, Empanadas y Arrollados

Masas sabrosas,
variedad de rellenos sanitos y ricos,
tentaciones ideales
para el almuerzo o cena,
entremeses para las reuniones
de grandes y chicos

EL PERFUME DE LA ROSA

*T*odos percibimos que nuevos valores rigen a la humanidad, que los viejos sistemas caen por su propio peso y que otras leyes más universales y justas pugnan por manifestarse.

A este momento tan especial, a esta situación de crisis que vivimos con inseguridad, miedo y desconcierto, a través de una realidad muy difundida por los medios, la sucede –o convive a la vez– esta otra realidad más amplia, que muestra a un hombre-mujer-niño nuevo, con ojos de asombro, manos laboriosas y de caricias, sonrisa de paz y corazón irradiando Amor, solidaridad, alegría, compasión...

Queremos destacar y acompañar este nacimiento.

Sabemos que todo lo bueno ya está instalado en nosotros y que la opción de cada momento hará que nos pinchemos con las espinas, nos extasiemos con la belleza de la flor o percibamos el perfume de la rosa...

La idea es que, juntos, vayamos creciendo en conciencia, abriendo nuestra mente a ese despertar que traerá los valores anhelados a este brillante planeta azul.

Todo está cambiando y, a veces, esto asusta. Nos acomodamos a la "realidad aparente" y el desafío consiste en seguir caminando, en aceptar lo nuevo, mirar con la pureza de los niños y adherir desde lo profundo de nuestros corazones a ese mundo mejor, que construiremos día a día con palabras y acciones, lágrimas y risas, con esperanzas y Fe.

Gracias

$\mathcal{M}$ASA BASE PARA PIZZAS

INGREDIENTES

- *Harina de trigo integral superfina, 2 tazas*
- *Harina de soja, 1/2 taza*
- *Sal marina, 1 cucharadita*
- *Levadura de cerveza, 1 cucharada*
- *Agua tibia, 250 cm^3*
- *Aceite, 2 cucharadas*

PREPARACIÓN

1 • Mezclar en un bol, las harinas junto con la sal. Disolver la levadura en un poco de agua tibia, añadiéndole el aceite. Unir ambas preparaciones, batiendo a mano abierta para airear, a medida que se incorpora el agua tibia necesaria a fin de obtener una masa muy elástica.

2 • Dejarla descansar en un sitio cálido, 30 minutos.

3• Con las manos humedecidas, estirar sobre placas aceitadas. En horno precalentado, dejarlas leudar durante 30 minutos. Llevar a horno de temperatura media, 15 minutos.

4• Retirar, distribuir encima la cubierta elegida y gratinar de la manera acostumbrada.

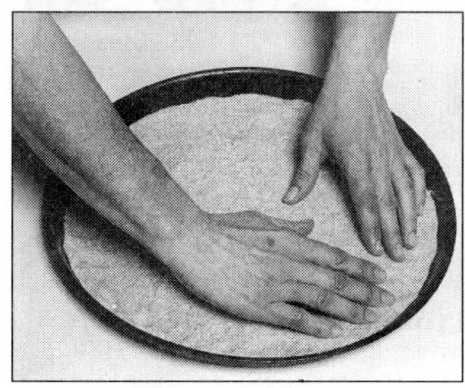

SUGERENCIAS

Conviene dejar enfriar las prepizzas antes de colocarles la cubierta elegida, para que resulten más crocantes.

Pueden guardarse en el freezer.

Si vamos a preparar pizzetas, tomar, con las manos humedecidas, porciones pequeñas de masa, formar bollitos y aplanarlos.

Podemos obtener una masa más crocante, reemplazando la harina de soja por harina de arroz integral.

$\mathscr{P}$IZZA DE TOMATES Y MUZZARELLA

INGREDIENTES

Masa
Ver Masa Base (pág. 184)

Salsa
- *Cebolla, 1*
- *Ajo, 2 dientes*
- *Tomates, 1/2 kg (maduros)*
- *Aceite, 1 cucharada*
- *Sal marina, pizca*

Cubierta
- *Muzzarella, 250 gr*
- *Aceitunas verdes, 50 gr*
- *Orégano, a gusto*

PREPARACIÓN

1 • Licuar la cebolla con los dientes de ajo, los tomates, el aceite y la sal. Verter el licuado en una cacerola y cocinar a fuego suave, hasta que la salsa se caliente.
2 • Cubrir con la salsa la pizza precocida, espolvorear la muzzarella rallada y distribuir las aceitunas en trozos y el orégano a gusto.
3 • Gratinar la pizza a temperatura fuerte, retirarla y servir de inmediato.

$\mathscr{P}$IZZA DE CEBOLLA AL ROQUEFORT

INGREDIENTES

Masa
Ver Masa Base (pág. 184)

Salsa
- Aceite, 2 cucharadas
- Cebollas, 4
- Sal marina, orégano y salsa de soja, pizca

Cubierta
- Aceitunas negras, a gusto
- Queso roquefort, 200 gr

PREPARACIÓN

Salsa
1• Pincelar una cacerola con el aceite y preparar un nituke con las cebollas finamente picadas o cortadas en aros.
2• Condimentar con sal marina, orégano y salsa de soja. Retirar y dejar entibiar, antes de utilizarla.

Cubierta
1• Disponer el nituke de cebollas sobre la pizza. Distribuir encima las aceitunas, en forma decorativa. Espolvorear todo con el roquefort rallado grueso.
2• Hornear a temperatura fuerte, hasta gratinar. Servir.

$\mathcal{P}$IZZA DE VERDURAS Y ALGAS

INGREDIENTES

Masa

Ver Masa Base (pág. 184)

Salsa

- Aceite, 1 cucharada
- Puerros, 1/2 kg
- Zanahorias, 1/2 kg
- Harina de trigo integral superfina, 1 cucharada
- Sal marina, pizca
- Ajo y perejil picados, 1 cucharada
- Algas molidas, 1 cucharada

PREPARACIÓN

Salsa

1• Untar una cacerola con el aceite. Disponer en ella los puerros picados (con sus hojas verdes) y las zanahorias ralladas. Tapar el recipiente y cocinar a fuego suave.

2• Cuando el nituke esté listo, adicionarle la harina disuelta en un poco de agua fría, para espesarlo. Continuar con la cocción 5 minutos más, revolviendo para que no se pegue.

3• Retirar, salar apenas y condimentar con el ajo y perejil picados. Dejar entibiar.

4• Distribuir sobre la pizza precocida y espolvorear las algas. Hornear a temperatura fuerte durante unos minutos y servir.

MASA HOJALDRADA
BASE PARA EMPANADAS

INGREDIENTES

- *Harina de trigo integral superfina, 3 y 1/2 tazas*
- *Harina de soja, 1/2 taza*
- *Sal marina, 1 cucharadita*
- *Levadura de cerveza, 1 cucharada*
- *Agua tibia, 2 y 1/2 tazas*
- *Aceite, 4 cucharadas*
- *Huevo, 1*

PREPARACIÓN

1• Mezclar en un bol las harinas y la sal. Disolver la levadura en un poco de agua tibia, con 2 cucharadas de aceite. Unir ambas preparaciones, a medida que se agrega el agua tibia necesaria para obtener una masa consistente.

2• Dejarla descansar en lugar templado durante 30 minutos. Estirarla con palote sobre una superficie enharinada hasta que tenga 1/2 cm de espesor.

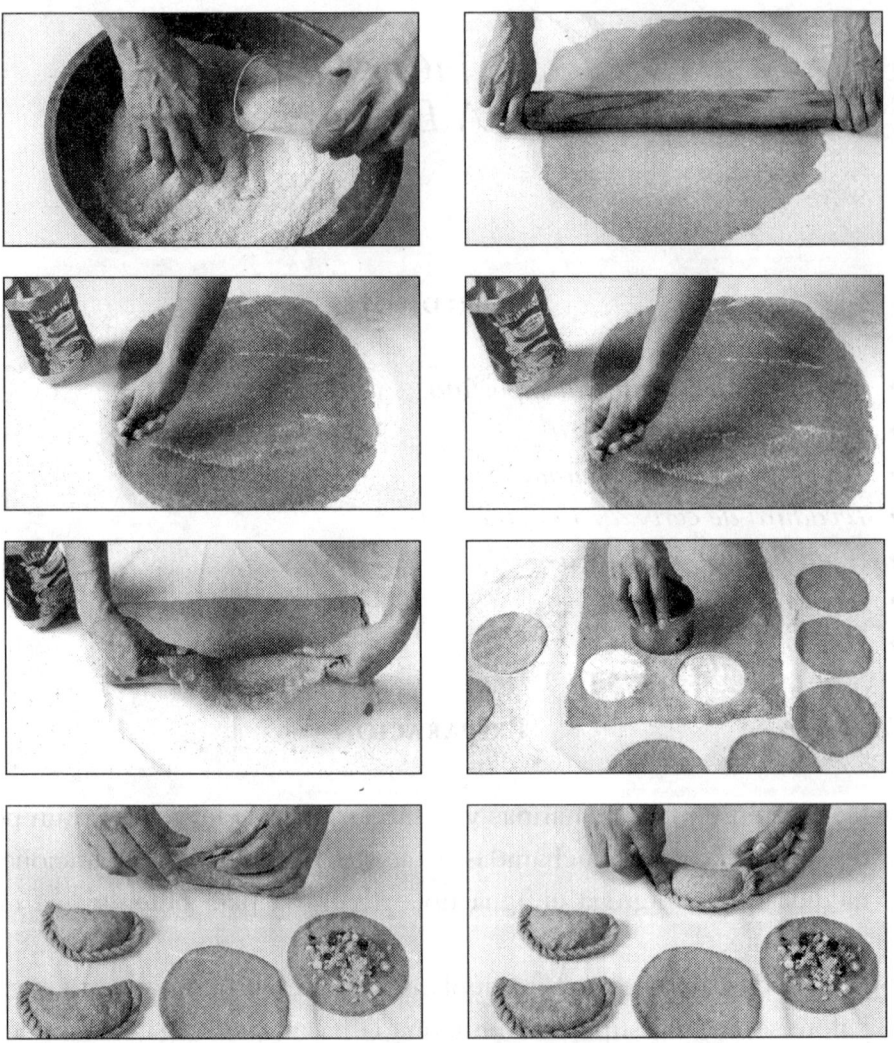

3• Untar con el aceite restante y espolvorear un poco de harina antes de cada doblez de la masa (tres en total). Estirarla nuevamente, dejándola del grosor deseado.

4• Con cortapastas, cortar discos del tamaño que se considere conveniente. Rellenar las empanadas con una preparación de nuestro gusto, repulgarlas y colocarlas sobre placas aceitadas. Pintarlas con huevo batido.

5• Hornearlas a temperatura media, hasta que resulten doradas (15 minutos aproximadamente).

EMPANADAS DE CHOCLO

INGREDIENTES

Masa

Ver Masa Hojaldrada Base para Empanadas (pág. 187)

Relleno

- Aceite, 1 cucharada
- Cebollitas de verdeo, 3
- Choclos, 6
- Harina de soja, 3 cucharadas (u otra harina)
- Leche de soja, 250 cm³
- Queso rallado, 3 cucharadas (optativo)
- Sal marina, jengibre y nuez moscada, pizca

PREPARACIÓN

1• Untar una cacerola con el aceite y disponer en ella las cebollitas picadas (incluyendo sus hojas verdes). Tapar y cocinar a fuego suave, durante minutos.

2• Adicionar los choclos desgranados y la harina de soja disuelta en la leche. Mezclar y continuar cocinando 7 minutos más. Retirar y condimentar con el queso rallado, la sal, el jengibre y la nuez moscada.

3• Armar las empanadas de la manera habitual (ver pág. 190).

EMPANADAS DE ARROZ INTEGRAL

INGREDIENTES

Masa

Ver Masa Hojaldrada Base para Empanadas, (pág. 187)

Relleno

- Arroz integral cocido, 1 taza
- Cebollitas de verdeo, 3 (en nituke)
- Aceitunas negras, 6
- Huevo duro, 1
- Sal marina y orégano, pizca
- Queso roquefort, 100 gr (optativo)
- Semillas de sésamo, para espolvorear

PREPARACIÓN

Relleno

1• Mezclar el arroz integral con las cebollitas de verdeo. Incorporar las aceitunas en tiras y el huevo duro picado.
2• Condimentar con sal marina y orégano, adicionándole el roquefort rallado. Mezclar y utilizar.
3• Armar las empanadas, pintarlas con huevo batido y espolvorearlas con las semillas de sésamo. Hornearlas a temperatura media, hasta que resulten doradas.

Ravioles de espinaca

Canelones de verdura

Noquis de mijo y ricota a la romana

Tarta de brócoli

Budín de coliflor

Tortillitas de verdura

Pizza de tomates y muzzarella

Empanadas variadas

s: Tortas, budines Pasteles, tartas

Torta de algarroba y naranjas

Torta de cumpleaños

Frola con dulce de aduki

Budín de algarroba

Flan de algarroba

Mousse de frutillas

EMPANADAS DE CEBOLLA Y QUESO

INGREDIENTES

Masa

Ver Masa Hojaldrada Base para Empanadas (pág. 187)

Relleno

- *Aceite, 1 cucharada*
- *Cebollas, 2*
- *Ají, 1*
- *Queso descremado, 250 gr (o ricota descremada)*
- *Aceitunas verdes, 6*

PREPARACIÓN

Relleno

1• Untar un recipiente con el aceite y colocar adentro las cebollas y el ají picados. Tapar y cocinar hasta que estén tiernos.

2• Retirar y añadir el queso descremado cortado en dados pequeños y las aceitunas picadas. Mezclar, armar y hornear aproximadamente unos 15 minutos, hasta que las empanadas se doren.

SUGERENCIA

Para preparar empanadas de queso de soja, utilizar tofu cortado en cubos pequeños, en lugar de queso. Condimentar todo con salsa de soja y orégano.

Otra variedad deliciosa: tomate, queso y albahaca.

EMPANADAS DE ADUKI

Masa

Ver Masa Hojaldrada Base para Empanadas (pág. 187)

Relleno

- Aceite, 1 cucharada
- Cebollitas de verdeo, 2
- Porotos aduki cocidos, 2 tazas
- Pasas de uva, 2 cucharadas
- Huevo duro, 1
- Ajo y perejil picados, 1 cucharada
- Sal marina, comino y orégano, pizca

PREPARACIÓN

Relleno

1• Pincelar un recipiente con el aceite y hacer un nituke con las cebollas de verdeo finamente picadas (incluyendo sus partes verdes. Pueden utilizarse crudas).

2• Retirar y mezclar con los porotos aduki triturados aún calientes, con las pasas de uva y el huevo duro picado. Condimentar con el ajo y perejil picados, la sal, el comino y el orégano.

3• Dejar enfriar y utilizar. Armar, hornear hasta que se doren, aproximadamente 15 minutos.

SUGERENCIA

Para hace empanadas de soja, usar porotos de soja cocidos y triturados.

$\mathcal{E}$MPANADAS DULCES (MASA BASE)

INGREDIENTES

- *Manzanas deliciosas, 2*
- *Levadura de cerveza, 1 cucharada*
- *Agua tibia, 2 tazas*
- *Miel, 1 cucharada*
- *Aceite, 4 cucharadas*
- *Harina de trigo integral superfina, 4 tazas*
- *Huevo, 1*

PREPARACIÓN

1• Licuar las manzanas cortadas en cubos (sin sus cáscaras), la levadura disuelta en un poco de agua tibia, la miel y 2 cucharadas de aceite.

2• Verter sobre la harina, a medida que se mezcla, para obtener un bollo de regular consistencia. Agregan más agua tibia, si es necesario. Dejar descansar en lugar cálido, 30 minutos.

3• Estirar la masa sobre una superficie enharinada y hojaldrarla como se indica en la receta para Masa Hojaldrada Base (ver pág. 187).

4• Cortar discos con cortapastas y armar las empanadas como de costumbre.

5• Disponerlas sobre placas aceitadas y pintarlas con el huevo batido. Hornearlas a temperatura media, aproximadamente 15 minutos. Retirarlas y servirlas.

$\mathscr{E}$MPANADAS DE MANZANA

INGREDIENTES

Masa
Ver Masa Base para Empanadas Dulces (pág. 195)

Relleno
- *Manzanas, 5*
- *Ricota descremada, 200 gr*
- *Pasas de uva, 50 gr*
- *Nueces picadas, 50 gr*
- *Canela a gusto*

PREPARACIÓN

Relleno
1• Cocinar las manzanas al horno y dejarlas enfriar. Picarlas y mezclarlas con la ricota.
2• Adicionar las pasas y las nueces picadas. Mezclar nuevamente y utilizar.
3• Armar las empanadas y hornearlas de la manera habitual (ver pág. 190).

SUGERENCIA

Pueden utilizarse las manzanas crudas cortadas en cubitos pequeños.

$\mathscr{E}$MPANADITAS DE CIRUELA

INGREDIENTES

Masa

Ver Masa Base para Empanadas Dulces (pág. 195)

Relleno

- *Dulce natural de ciruelas, 1/2 kg (ver receta, en pág. 262)*
- *Maníes picados, 100 gr*

PREPARACIÓN

Relleno

1• Mezclar el dulce con los maníes picados y rellenar los discos.

2• Armar las empanaditas y cocinarlas como de costumbre.

MASA BASE PARA ARROLLADOS SALADOS

Ingredientes

- Harina de trigo integral superfina, 4 tazas
- Harina de soja, 1/2 taza (o germen de trigo)
- Sal marina, 1 cucharadita
- Levadura de cerveza, 1 cucharada
- Agua tibia, 1/2 litro
- Aceite, 4 cucharadas
- Huevo, 1

Preparación

1• Mezclar en un bol las harinas y la sal.
2• Aparte, disolver la levadura en un poco de agua tibia junto con 2 cucharadas de aceite. Incorporar a la preparación anterior y unir bien, agregando el agua tibia necesaria hasta obtener un bollo liso y consistente. Dejar descansar en un lugar templado, durante 30 minutos.
3• Estirar la masa y hojaldrarla con el aceite restante, tal como se explica en la receta de Masa Hojaldrada Base (ver pág. 189).
4• Estirarla nuevamente y darle forma rectangular, cortando con cuchillo los sobrantes. Cubrir con el relleno elegido y arrollar.
5• Disponer en una placa previamente aceitada y enharinada, pintar con el huevo batido y hornear durante 30 minutos. Retirar y dejar enfriar sobre rejilla.

ARROLLADO DE HINOJO Y ALGAS

INGREDIENTES

Masa

Ver Masa Base para Arrollados (pág. 198)

Relleno

- Aceite, 1 cucharada
- Cebollas, 2
- Hinojos, 3 ó 4
- Algas tostadas molidas, 2 cucharadas
- Sal marina, pizca
- Aceitunas negras, a gusto
- Ají rojo, 1

PREPARACIÓN

Relleno

1• Aceitar una cacerola y poner adentro las cebollas picadas y los hinojos finamente cortados. Tapar el recipiente y llevar a fuego suave.

2• Cuando el nituke esté listo, añadir las algas y salar apenas. Retirar y dejar entibiar.

3• Cubrir con el nituke la masa y decorar con tiritas de morrón y trocitos de aceitunas.

4• Armar el arrollado y hornear aproximadamente 30 minutos. Dejar enfriar sobre rejilla.

ARROLLADO DE REPOLLO COLORADO

INGREDIENTES

Masa

Ver Masa Base para Arrollados Salados (pág. 198)

Relleno

- Aceite, 2 cucharadas
- Zanahorias, 3
- Repollo colorado, 1 (mediano)
- Queso roquefort rallado, 3 cucharadas (o queso rallado)

PREPARACIÓN

Relleno

1. Pincelar una cacerola con una cucharada de aceite y colocar adentro las zanahorias ralladas gruesas. Tapar el recipiente y cocinar a fuego suave durante 10 minutos.
2. Untar otra cacerola con el aceite restante y disponer adentro el repollo en fina juliana. Tapar y cocinar a fuego suave, durante 10 minutos.
3. Retirar ambas preparaciones y dejarlas entibiar. Distribuirlas sobre el arrollado alternadamente, formando hileras. Espolvorear con el queso rallado.
4. Arrollar y hornear aproximadamente durante 30 minutos. Enfriarlo sobre rejilla.

MASA BASE PARA ARROLLADOS DULCES

INGREDIENTES

- *Harina de trigo integral superfina, 2 tazas*
- *Germen de trigo, 1/2 taza*
- *Manzanas, 2*
- *Aceite, 4 cucharadas*
- *Miel, 1 cucharada*
- *Levadura de cerveza, 1 cucharada*
- *Agua tibia, 1 tazas, aproximadamente*

PREPARACIÓN

1• Disponer en un bol, la harina con el germen y las manzanas ralladas.

2• Aparte, disolver la levadura en un poco de agua tibia junto con 2 cucharadas del aceite y la cucharada de miel. Incorporar a la preparación anterior, agregando la necesaria agua tibia hasta formar un bollo compacto. Dejar descansar en lugar tibio.

3• Estirar la masa sobre una superficie enharinada y hojaldrarla con el aceite restante, como se indicó en la receta de Masa Hojaldrada Base.

4• Armar y hornear el arrollado de la manera habitual.

ARROLLADO DE DULCE DE ZAPALLO

INGREDIENTES

Masa
Ver Masa Base para Arrollados Dulces (pág. 201)

Relleno
- Higos, 100 gr
- Dulce de zapallo natural, 500 gr (ver receta, en pág. 264)
- Miel, 2 cucharadas

PREPARACIÓN

1• Picar los higos y mezclarlos con el dulce.
2• Distribuir la preparación sobre la masa. Armar el arrollado y hornearlo, con las indicaciones de la Masa Base para Arrollados Salados (ver pág. 198)
3• Retirarlo y pintarlo con la miel, para abrillantar. Dejar enfriar sobre rejilla, antes de servir.

SUGERENCIA

Puede usarse calabaza cocida en lugar del dulce de zapallo, pisada y endulzada con miel.

Variedades Dulces

Variedades Dulces: Facturas, Tortas, Budines Pasteles, Tartas Postres

Postres sanos y ricos, nutritivos y naturales

...UN EJÉRCITO DE SERES DE LUZ

*M*uchas veces tenemos la sensación de que el mundo está por estallar, y esa sensación se hace física; el macro y el microcosmos son todo uno; en esos momentos, se obnubila la visión y nos conectamos con el caos, la violencia, la incomprensión, la corrupción, etc. Conocer esta realidad informa, pero no ayuda.

Me di cuenta de que cuando desde el corazón modificamos la historia, con pequeños o grandes proyectos, con hechos simples, con actitudes cotidianas amorosas, algo cambia en el Universo, y es nuestra responsabilidad. Tenemos permanentes oportunidades; a cada segundo, se nos da esa oportunidad. No importa desde qué lugar, porque siempre el lugar es uno, nuestro Templo Interior, nuestro Yo Superior o como podamos llamarlo. Cuando "tocamos" ese centro tan íntimo y posible, nos unimos, se teje la trama de luz.

Pero hay una elección que hacer, y esa elección debe ser clara. Tenemos que saber que Servimos a lo Superior o, mejor dicho, lo expresamos.

Toda historia nueva, todo movimiento, toda creación, inspiración y hecho fueron y son gestados desde esa elección, que si es clara y profunda tendrá todas las ayudas, se manifestarán los compañeros de Camino y habrá desde "lo invisible" un ejército de seres de Luz que darán estímulo y compañía a nuestro andar.

Hasta veo cómo nos "orientan y atraen" amorosamente; somos niños caprichosos e inconformables, los hombres y mujeres que creemos que ser felices es obtener cosas materiales, dominio, poder... La felicidad ya está instalada en nosotros, en ese lugar sagrado que brilla en nuestro interior.

MEDIALUNAS RELLENAS

INGREDIENTES

- *Levadura de cerveza, 1 cucharada*
- *Agua tibia, cantidad necesaria (o leche de soja)*
- *Aceite, 3 cucharadas*
- *Miel, 3 ó 4 cucharadas*
- *Harina de trigo integral superfina, 1/2 kg*
- *Harina de soja, 1 taza*
- *Huevos, 2*
- *Coco rallado, a gusto*

Relleno
- *Ricota descremada, 1 taza*
- *Miel, 1 cucharada*
- *Vainilla natural, 1 cucharadita*

PREPARACIÓN

Masa

1• Disolver la levadura en 1/2 taza de agua tibia y adicionarle 2 cucharadas de aceite y la miel. Mezclar las harinas y disponerlas en forma de corona. Verter en el hueco central la levadura disuelta y un huevo. Unir, agregando más agua tibia, si es necesario: debe resultar una masa de regular consistencia.

2• Dejarla descansar en lugar templado, 30 minutos. Estirarla con palote, hojaldrándola con el aceite restante, tal como se indica en la receta Masa Hojaldrada Base (ver en pág. 189).

3• Estirarla nuevamente y cortar triangulos de 5 cm de lado. Ubicar una porción de relleno en el centro y formar las medialunas. Disponer en

placas aceitadas y pintar con el huevo batido restante. En horno precalentado, dejar leudar durante 30 minutos.

4• Cocinar en horno de temperatura media, 15 minutos. Retirar, pintar con
miel y espolvorear con coco rallado.

Relleno

1• Mezclar todos los ingredientes, hasta obtener una crema. Utilizar.

SUGERENCIA

Para hacer pañuelitos, cortar los cuadrados de igual tamaño, rellenar y doblar en forma encontrada.

Relleno 1

- *Manzanas, 2 (ralladas)*
- *Pasas de uva, 50 gr*
- *Nueces picadas, 50 gr*

Relleno 2

- *Dulce de ciruelas, 150 gr (ver receta, en pág. 262)*
- *Maníes picados, 50 gr*

$\mathcal{D}$UQUESITAS

INGREDIENTES

- *Harina de trigo integral superfina, 3 tazas*
- *Semita de maíz, 1 taza (o harina de maíz fina)*
- *Levadura de cerveza, 1 cucharada*
- *Leche de soja tibia, 1 y 1/2 taza*
- *Aceite, 2 cucharadas*
- *Manzanas, 2*
- *Crema de leche, 100 cm3*
- *Huevos, 2*
- *Miel, 3 cucharadas*
- *Jugo de frutas, para rociar*
- *Coco rallado, a gusto*

Dulce de Duraznos Pelones
- *Pelones desecados, 250 gr*
- *Miel, 1 cucharada*

PREPARACIÓN

1• Mezclar en un bol, la harina y la semita. Aparte, disolver la levadura en un poco de la leche tibia con el aceite. Por separado, licuar las manzanas junto con la crema, los huevos y la miel.

2• Unir todo, añadiendo leche de soja tibia en cantidad suficiente como para obtener una pasta espesa.

3• Distribuir en pirotines, completando la mitad de la capacidad, y disponer en asaderas para horno. Dejar leudar en horno precalentado, hasta que duplique su volumen.

4• Hornear las masitas a temperatura media, 10 minutos. Retirarlas y dejarlas enfriar sobre una rejilla. Quitar una tapita con cuchillo de punta. Rociar con jugo de frutas y rellenar con el dulce de pelones; colocar nuevamente la tapita. Espolvorear con coco rallado.

Dulce de Duraznos Pelones

1• Remojar los pelones previamente. Licuarlos en el agua de remojo.
2• Cocinar el licuado a fuego lento, hasta que tenga la consistencia de dulce. Retirar, adicionar la miel y dejar enfriar.

SUGERENCIAS

Utilizar cualquier otro dulce de frutas frescas o desecadas.

cMASITAS DE NUECES

INGREDIENTES

- *Semita de maíz, 2 tazas (o harina de maíz fina)*
- *Fécula de maíz, 2 tazas*
- *Nueces picadas, 100 gr*
- *Bicarbonato de sodio, 1/2 cucharadita*
- *Canela, 1 cucharadita*
- *Huevos, 2*
- *Miel, 1/2 taza*
- *Aceite, 3 cucharadas*
- *Leche de soja, 2 y 1/2 tazas*

PREPARACIÓN

1• Mezclar la semita y la fécula con las nueces, el bicarbonato y la canela. Agregarle las yemas, la miel y el aceite, alternando con las claras batidas a punto nieve y un poco de leche de soja, uniendo todo con suavidad (debe resultar una masa tierna y consistente).

2• Con la ayuda de un palote, estirar sobre una superficie enharinada, hasta que la masa quede de 1/2 cm de espesor. Cortar masitas del tamaño y forma deseados, ubicándolas en placas aceitadas.

3• Cocinar en horno de temperatura media durante 15 minutos. Retirar y pintar con miel, para una mejor presentación.

SUGERENCIAS

No deben pasarse de cocción, para que resulten tiernas.
Cuando se retiran del horno, dejarlas unos minutos en la misma placa para que el vapor que desprenden permita retirarlas sin dificultad.

*B*IZCOCHITOS DE MIEL

INGREDIENTES

- *Miel, 1 taza*
- *Aceite, 3 cucharadas*
- *Levadura de cerveza, 1 cucharada*
- *Ralladura de limón, 1 cucharada*
- *Canela, 1/2 cucharadita*
- *Jengibre, 1/2 cucharadita*
- *Nueces, 50 gr*
- *Maníes, 50 gr*
- *Pasas de uva, 100 gr*
- *Harina de trigo integral superfina, 4 tazas*

PREPARACIÓN

1• Entibiar la miel en una cacerola; añadir el aceite y la levadura, mezclando bien. Agregar la ralladura, las especias, las frutas secas y las pasas.

2• Incorporar la harina, uniendo perfectamente hasta obtener una masa de consistencia mediana.

3• Verter en una placa aceitada y enharinada, de modo que quede con un espesor de 1 cm. Dejar leudar por 30 minutos en horno precalentado.

4• Cocinar en horno de temperatura media, 20 minutos. Retirar, dejar entibiar y cortar con un cuchillo de buen filo. Disponer los bizcochitos sobre rejilla, para que se enfríen.

ℬIZCOCHITOS DE AVENA

INGREDIENTES

- *Harina de trigo integral superfina, 2 tazas*
- *Avena arrollada, 2 tazas*
- *Bicarbonato de sodio, 1 cucharadita*
- *Huevos, 2*
- *Miel, 1 pocillo*
- *Aceite, 1 pocillo*
- *Jugo de 1 naranja*
- *Ralladura de 1 naranja*
- *Leche de soja tibia, cantidad necesaria*

PREPARACIÓN

1• Colocar en un bol, la harina, la avena, el bicarbonato y la ralladura, disponiéndolas en forma de corona. Aparte, licuar los huevos, la miel, el aceite y el jugo.

2• Mezclar ambas preparaciones, agregando la leche de soja necesaria hasta obtener una masa blanda.

3• Ubicar porciones por cucharadas, sobre placas aceitadas y cocinar en horno de temperatura media durante 5 minutos. Retirar y dejar enfriar sobre rejilla.

AMARETTIS

INGREDIENTES

- *Almendras, 200 gr*
- *Harina de trigo integral superfina, 300 gr*
- *Fécula de maíz, 1 taza*
- *Bicarbonato de sodio, 1 cucharadita*
- *Café, 1 taza (o café de malta fuerte)*
- *Miel, 3 cucharadas*
- *Vainilla natural, 1 cucharadita*

PREPARACIÓN

1• Tostar ligeramente las almendras al horno, retirarlas y molerlas. Agregar la harina, la fécula y el bicarbonato y mezclar.

2• Por separado, mezclar parte del café con la miel y la vainilla. Incorporar a la preparación anterior y batir bien, agregando el resto del café necesario.

3• Volcar en una manga con boquilla lisa y hacer masitas pequeñas sobre una placa forrada con papel manteca, previamente aceitada y enharinada.

4• Cocinar en horno de temperatura fuerte entre 5 y 10 minutos. Retirar y dejar enfriar sobre rejilla.

FRUTINES

INGREDIENTES

- *Semita de maíz, 2 tazas (o harina de maíz fina)*
- *Fécula de maíz, 2 tazas*
- *Ralladura de limón, 1 cucharada*
- *Bicarbonato de sodio, 1 cucharadita*
- *Peras desecadas, 3*
- *Duraznos desecados, 2*
- *Nueces, 25 gr*
- *Maníes tostados, 25 gr*
- *Pasas de uva, 25 gr*
- *Huevos, 2*
- *Miel, 3 cucharadas*
- *Aceite, 3 cucharadas*
- *Leche de soja, 1 taza*

PREPARACIÓN

1• Mezclar la semita, la fécula, la ralladura, el bicarbonato, las frutas desecadas bien picaditas, las nueces, los maníes y las pasas.

2• Aparte, batir los huevos con la miel, el aceite y la leche de soja tibia. Incorporar a la preparación anterior y unir bien, hasta formar una masa tierna tipo bizcochuelo.

3• Disponer en pirotines y cocinar en horno moderado, 15 minutos aproximadamente.

MAZARICA

INGREDIENTES

- *Semita de maíz, 2 tazas (o harina de maíz fina)*
- *Fécula de maíz, 2 tazas*
- *Harina de trigo integral superfina, 1 taza*
- *Bicarbonato de sodio, 1 cucharadita*
- *Almendras picadas, 50 gr*
- *Nueces picadas, 50 gr*
- *Pasas de uva, 50 gr*
- *Higos desecados, 50 gr (o peras desecadas)*
- *Huevo, 1*
- *Miel, 3 cucharadas*
- *Pasta de sésamo, 3 cucharadas*
- *Leche de soja, 1 y 1/2 taza (o agua)*

PREPARACIÓN

1• Mezclar en un bol, la semita, la fécula, la harina y el bicarbonato. Incorporar las almendras, las nueces, las pasas y los higos picados.

2• Aparte, mezclar el huevo, la miel y la pasta de sésamo. Incorporar a la preparación anterior y mezclar bien, agregando la leche necesaria hasta formar una masa tipo bizcochuelo.

3• Disponer en una placa aceitada y cocinar en horno de temperatura media, entre 15 y 20 minutos. Dejar enfriar y cortar a gusto.

TORTA DE CUMPLEAÑOS

INGREDIENTES

- *Harina de trigo integral superfina, 3 tazas*
- *Fécula de maíz, 1 taza*
- *Canela, 1 cucharadita*
- *Bicarbonato de sodio, 1 cucharadita*
- *Ralladura de naranja, 1 cucharadita*
- *Manzana, 1*
- *Pasas de uva, 50 gr (optativo)*
- *Miel, 4 cucharadas*
- *Aceite, 3 cucharadas*
- *Jugo de naranjas, 1 taza*
- *Huevos, 2*
- *Jugo de fruta, para rociar (o agua de compota)*
- *Frutillas, 250 gr*
- *Chantilly de ricota, para decorar (ver receta)*

Relleno
- *Mermelada de manzanas, 1 taza*
- *Nueces picadas, 50 gr*

PREPARACIÓN

1• Disponer en un bol, la harina con la fécula, la canela, el bicarbonato y la ralladura. Agregar la manzana en cubos y las pasas de uva.

2• Aparte, mezclar la miel y el aceite e incorporar a la preparación anterior, alternando con el jugo y las yemas batidas, hasta obtener una pasta tipo bizcochuelo. Añadir más jugo si es necesario. Agregar las claras batidas a nieve, mezclando con suaves movimientos envolventes.

3• Verter en molde para torta, aceitado y enharinado. Hornear a temperatura suave, unos 45 minutos. Retirar, dejar entibiar y desmoldar sobre rejilla.

4• Cuando enfríe totalmente, cortar en capas, rociando con líquido de compota. Untar la primera capa con la mermelada de manzanas, espolvoreando con las nueces picadas. En la segunda capa, distribuir parte de la crema chantilly. Alternar los rellenos, hasta completar.

5• Decorar la torta, cubriendo con chantilly de ricota. la decoración con las frutillas enteras y en mitades.

$\mathcal{T}$ORTA DE ALGARROBA Y NARANJAS

INGREDIENTES

Bizcochuelo de Algarroba
- Harina de trigo integral superfina, 3 tazas
- Harina de algarroba, 1/2 taza
- Bicarbonato de sodio, 1 cucharadita
- Huevo, 1
- Miel, 3 cucharadas
- Aceite, 3 cucharadas
- Vainilla natural, gotas
- Ralladura de limón, 1 cucharada
- Leche de soja, cantidad necesaria

Bizcochuelo de Naranjas
- Harina de trigo integral superfina, 3 tazas
- Bicarbonato de sodio, 1 cucharadita
- Huevo, 1
- Miel, 3 cucharadas
- Aceite, 3 cucharadas
- Vainilla natural, gotas
- Ralladura de naranja, 1 cucharada
- Jugo de naranja, cantidad necesaria

Crema Pastelera de Naranjas
- Jugo de naranjas, 1/2 litro
- Huevo, 1
- Fécula de maíz, 2 cucharadas
- Miel, 2 cucharadas

PREPARACIÓN

1 • Aceitar y enharinar un molde de bizcochuelo. Colocar en forma alternada (por cucharadas) bizcochuelo de naranjas y bizcochuelo de algarroba. Hornear a fuego moderado, alrededor de 45 minutos. Retirar, desmoldar y dejar enfriar sobre rejilla.

2 • Cubrir con crema pastelera de naranjas. Decorar con un zócalo de rodajas de naranjas en mitades y ubicar en el centro de la torta una rosa formada con rodajas de naranjas.

Bizcochuelo de Algarroba

1 • Mezclar las harinas con el bicarbonato.

2 • Aparte, batir el huevo con la miel, el aceite, la vainilla y la ralladura de limón. Incorporar a la preparación anterior, intercalando con la leche necesaria, hasta obtener una masa de la consistencia de bizcochuelo.

Bizcochuelo de Naranjas

1 • Mezclar la harina con el bicarbonato.

2 • Aparte, batir el huevo con la miel, el aceite, la vainilla y la ralladura. Incorporar a la preparación anterior, intercalando con el jugo necesario, hasta obtener una masa con consistencia de bizcochuelo.

Crema Pastelera de Naranjas

1 • Mezclar todos los ingredientes.

2 • Mantener en fuego directo o en baño de María, revolviendo continuamente con cuchara de madera hasta que espese, sin que hierva.

FROLA CON DULCE DE ADUKI

INGREDIENTES

- *Harina de trigo integral superfina, 2 tazas*
- *Fécula de maíz, 1 taza*
- *Germen de trigo, 4 cucharadas*
- *Manzana, 1*
- *Huevo, 1*
- *Levadura de cerveza, 1 cucharada*
- *Miel, 3 cucharadas*
- *Aceite, 3 cucharadas*
- *Leche de soja tibia, 1 y 1/2 taza*
- *Ralladura de limón, 1 cucharada*
- *Vainilla natural, 1 cucharadita*

Relleno
- *Dulce de porotos aduki, cantidad necesaria (ver receta en pág. 265)*

PREPARACIÓN

1 • Mezclar en un bol, la harina con la fécula y el germen.

2 • Aparte, licuar la manzana junto con el huevo, la levadura, la miel, el acei- te, la leche, la ralladura y la vainilla. Incorporar a la preparación anterior, uniendo todos los ingredientes hasta obtener una masa tierna.

3 • Dejar descansar 30 minutos. Estirar con palote y forrar con ella un molde de tarta. Reservar un bollito.

4 • Rellenar con el dulce de aduki. Estirar el bollito reservado, cortar tiras y formar un entretejido. Pintar con huevo batido y cocinar en horno de temperatura media entre 20 y 30 minutos.

$\mathcal{P}$ASTEL NATUREZA

INGREDIENTES

- Harina de trigo integral superfina, 2 tazas
- Salvado de avena, 1 taza
- Bicarbonato de sodio, 1 cucharadita
- Miel, 2 cucharadas
- Jugo de fruta, 1/2 taza
- Aceite, 2 cucharadas
- Vainilla natural, gotas

Crema Pastelera con Manzana

- Manzana, 1
- Huevo, 1
- Vainilla natural, gotas
- Miel, 2 cucharadas
- Fécula de maíz, 3 cucharadas
- Leche de soja, 300 cm^3

Cubierta

- Frutas frescas picadas, cantidad necesaria (peras, ciruelas, uvas, kiwis, etc)
- Coco rallado, para decorar (o chantilly de ricota)

PREPARACIÓN

1• Mezclar la harina con el salvado y el bicarbonato.
2• Aparte, disolver la miel en 1/2 taza de agua junto con el aceite y la vainilla. Incorporar a la preparación anterior y unir bien, agregando el jugo de

fruta necesario hasta formar una masa blanda.

3• Con las manos humedecidas, estirarla sobre una tartera aceitada. Ubicar encima la crema pastelera y, sobre esta, la fruta fresca.

4• Llevar a horno moderado por 15 minutos, retirar y decorar con coco rallado o chantilly de ricota.

Crema Pastelera con Manzana

1• Licuar todos los ingredientes.

2• Mantener en fuego suave, revolviendo continuamente con cuchara de madera, hasta que la preparación se espese.

$\mathscr{P}$AN DULCE NATURAL

INGREDIENTES

- *Harina de trigo integral superfina, 1/2 kg*
- *Germen de trigo, 1 taza*
- *Pasas de uva, 100 gr*
- *Almendras, 50 gr (fileteadas)*
- *Nueces, 100 gr (picadas)*
- *Peras desecadas, 3 (picadas)*
- *Ciruelas desecadas, 3 (trozadas)*
- *Pelones desecados, 3 (picados)*
- *Manzanas, 2*
- *Jugo de 1 naranja*
- *Miel, 3 cucharadas*
- *Aceite, 3 cucharadas*
- *Vainilla natural, 1 cucharadita*
- *Agua de azahar, gotas*
- *Ricota descremada, 3 cucharadas*
- *Huevo, 1*
- *Levadura de cerveza, 1 cucharada*
- *Agua tibia, 1/2 litro*

PREPARACIÓN

1• Mezclar en un bol, la harina y el germen e incorporarles las frutas secas y desecadas.
2• Aparte, licuar las manzanas con el jugo, la miel, el aceite, la vainilla, el agua de azahar, la ricota, el huevo y la levadura disuelta en un pocillo de agua tibia.

3• Unir ambas preparaciones, adicionando el agua tibia necesaria en cantidad suficiente como para obtener una masa elástica. Dejarla descansar en lugar templado, durante 30 minutos.

4• Dividir en dos porciones y ubicarlas en moldes de papel para pan dulce. Practicarles cortes en cruz sobre la superficie y dejar leudar 30 minutos, en horno precalentado.

5• Cocinar en horno de temperatura media, de 30 a 40 minutos. Retirar y ubicar sobre rejilla. Pintar con miel y decorar con fruta.

NOTA

Pueden hacerse dos medianos o uno grande.

$\mathcal{P}$ASTA FROLA

INGREDIENTES

- Harina de trigo integral superfina, 2 tazas
- Fécula de maíz, 1 taza
- Germen de trigo, 2 cucharadas
- Bicarbonato de sodio, 1 cucharadita
- Manzanas deliciosas, 2
- Huevos, 2
- Leche de soja tibia, 1 y 1/2 taza
- Miel, 3 cucharadas
- Vainilla natural, 1 cucharadita
- Aceite, 2 cucharadas
- Dulce de ciruelas (ver receta en pág. 262)

PREPARACIÓN

1• Colocar en un bol, la harina con la fécula, el germen y el bicarbonato.
2• Aparte, licuar las manzanas con 1 huevo, 1/2 taza de la leche de soja, la miel, la vainilla y el aceite. Incorporar a la preparación anterior y mezclar bien, añadiendo la leche necesaria hasta obtener una masa de mediana consistencia, reservando una porción para el enrejado.
3• Estirar sobre una superficie enharinada, con la ayuda de un palote y forrar un molde para tarta, aceitado y enharinado. Rellenar con el dulce y formar un enrejado con tiras de la masa reservada.
4• Cocinar en horno de temperatura media durante 30 minutos, pintando previamente con el huevo restante, batido. Retirar, hacer entibiar y desmoldar. Dejar enfriar sobre rejilla.

TARTA DE MANZANAS

INGREDIENTES

Masa
- Harina de trigo integral superfina, 3 tazas
- Harina de soja, 3 cucharadas
- Pasas de uva, 1/2 taza (sin semillas)
- Manzana, 1
- Aceite, 2 cucharadas
- Levadura de cerveza, 1 cucharada
- Líquido de compota tibia, cantidad necesaria
- Canela, 2 cucharaditas
- Ralladura de 1/2 limón

Mermelada de Manzanas
- Manzanas, 4
- Jugo de limón, 1 cucharada
- Miel, 1 cucharada
- Vainilla natural, 1 cucharadita

Gelatina de Limón
- Agua, 1/2 litro
- Ralladura de 1/2 limón - Jugo de 1/2 limón
- Agar-agar, 1 cucharada de postre o gelatina sin sabor
- Miel, 1 cucharada

Para Decorar
- Manzanas, 2
- Canela, 1 cucharadita

Masa

1• Mezclar en un bol, las harinas. Aparte, licuar las pasas de uva con la manzana, el aceite, la levadura previamente disuelta en un pocillo del líquido de compota tibio, una cucharadita de canela y la ralladura.

2• Unir ambas preparaciones, adicionando, si es necesario, más líquido tibio hasta formar una masa de mediana consistencia. Dejarla descansar en lugar templado, 30 minutos.

3• Estirarla sobre una superficie enharinada y forrar una tartera aceitada y enharinada. Rellenar con la mermelada; decorar con las manzanas cortadas en rodajas finas, espolvorear con la canela.

4• Dejar leudar en horno precalentado. Llevar a horno de temperatura media, durante 30 minutos. Retirar, cubrir con la gelatina y dejar enfriar sobre rejilla.

Mermelada de Manzanas

1• Rallar las manzanas y rociarlas con el jugo de limón. Llevar a fuego suave y cocinar hasta reducir.

2• Retirar y adicionar la miel, perfumando con la vainilla. Utilizar.

Gelatina de Limón

1• Llevar el agua sobre el fuego y adicionarle la ralladura.

2• Cuando hierve, añadir el agar-agar, previamente hidratado en 3 ó 4 cucharadas de agua fría. Continuar cocinando durante 5 minutos, revolviendo con cuchara de madera.

3• Retirar y añadir la miel. Dejar entibiar apenas y utilizar.

PREPARACIÓN

Si se usa gelatina sin sabor, no es necesario dejar hervir.

TARTA DE RICOTA

INGREDIENTES

Masa

- Harina de trigo integral superfina, 3 tazas
- Fécula de maíz, 1 taza
- Ralladura de limón, 1 cucharada
- Ricota descremada, 3 cucharadas
- Miel, 3 cucharadas
- Yema, 1
- Levadura de cerveza, 1 cucharada
- Leche de soja tibia, cantidad necesaria
- Aceite, 2 cucharadas
- Claras a nieve, 2
- Huevo, para pintar

Relleno

- Ricota descremada, 400 gr
- Miel, 2 cucharadas
- Pasas de uva sin semillas, 2 cucharadas (optativo)
- Nueces picadas, 2 cucharadas (optativo)
- Yema, 1
- Vainilla natural, 1 cucharadita

PREPARACIÓN

Masa

1• Disponer en un bol, en forma de corona, la harina con la fécula y la ralladura.

2• Aparte, licuar la ricota, la miel, la yema, la levadura, 1/2 taza de la leche de soja y el aceite. Incorporar al hueco central y mezclar bien, agregando las claras a nieve y, si es necesario, más leche de soja tibia, hasta formar una masa tierna. Dejar descansar por 30 minutos.

3• Dividir en 2 porciones y estirarlas, con la ayuda de un palote. Forrar un molde aceitado y enharinado, con una de ellas. Rellenar, cubriendo con la masa restante. Formar un repulgo en los bordes y pintar con el huevo batido.

4• Dejar leudar en horno precalentado, durante 30 minutos. Llevar a horno de temperatura media por 30 minutos.

5• Retirar y dejar entibiar. Desmoldar sobre rejilla para que se enfríe.

Relleno

1• Mezclar la ricota con la miel, hasta que resulte una crema.

2• Añadirle pasas de uva y nueces picadas a gusto. Adicionar la yema y la vainilla. Utilizar.

ℬUDÍN DE ALGARROBA

INGREDIENTES

- Harina de trigo integral superfina, 1/2 kg
- Harina de algarroba, 1 taza
- Nueces molidas y pasas de uva, a gusto
- Bicarbonato de sodio, 1 cucharadita
- Leche de soja, 1 y 1/2 taza (o jugo de frutas)
- Miel, 1/2 taza
- Aceite, 3 cucharadas
- Ralladura de naranja, 1 cucharada
- Vainilla natural, 1 cucharadita
- Chantilly de ricota, para decorar

PREPARACIÓN

1• Colocar en un bol las harinas, las nueces, las pasas y el bicarbonato. Aparte, mezclar 1/2 taza de la leche de soja con la miel y el aceite.

2• Unir ambas preparaciones, agregando la leche necesaria para obtener una masa tipo bizcochuelo. Añadir la ralladura y la vainilla y dejar descansar por 30 minutos, en sitio templado.

3• Verter en molde para budín inglés, aceitado y enharinado, y dejar leudar en horno precalentado, 30 minutos.

4• Cocinar en horno de temperatura suave durante 20 minutos. Retirar, dejar entibiar y desmoldar sobre rejilla para que enfríe.

5• Cortar en rodajas, decorando con un copete de chantilly de ricota o servirlo solo.

$\mathcal{S}$TRUDELL DE MANZANAS

INGREDIENTES

Masa

- Harina de trigo integral superfina, 250 gr
- Huevo, 1
- Aceite, 4 cucharadas
- Vinagre, 1 cucharadita
- Agua tibia, 1/2 taza

Relleno

- Manzanas ácidas, 1 kg
- Pasas de uva, 100 gr
- Jugo de un limón
- Almendras picadas o nueces, 100 gr
- Azúcar integral de caña, 100 gr
- Canela en polvo, 3 cucharadas (o coco rallado)
- Aceite, 2 cucharadas
- Rebozador integral, 2 cucharadas (o pan rallado)
- Miel, 2 cucharadas

PREPARACIÓN

1 • Mezclar el aceite y el vinagre con media taza de agua tibia y el huevo. Agregar la harina y trabajar la masa hasta que esté bien lisa.

2 • Dejar descansar durante 30 minutos y disponer sobre un lienzo espolvoreado con harina. Estirar con palote hasta quede bien fina y espolvorear con la mitad del rebozador.

3 • Pelar y cortar las manzanas en rodajas parejas y colocar sobre un tercio

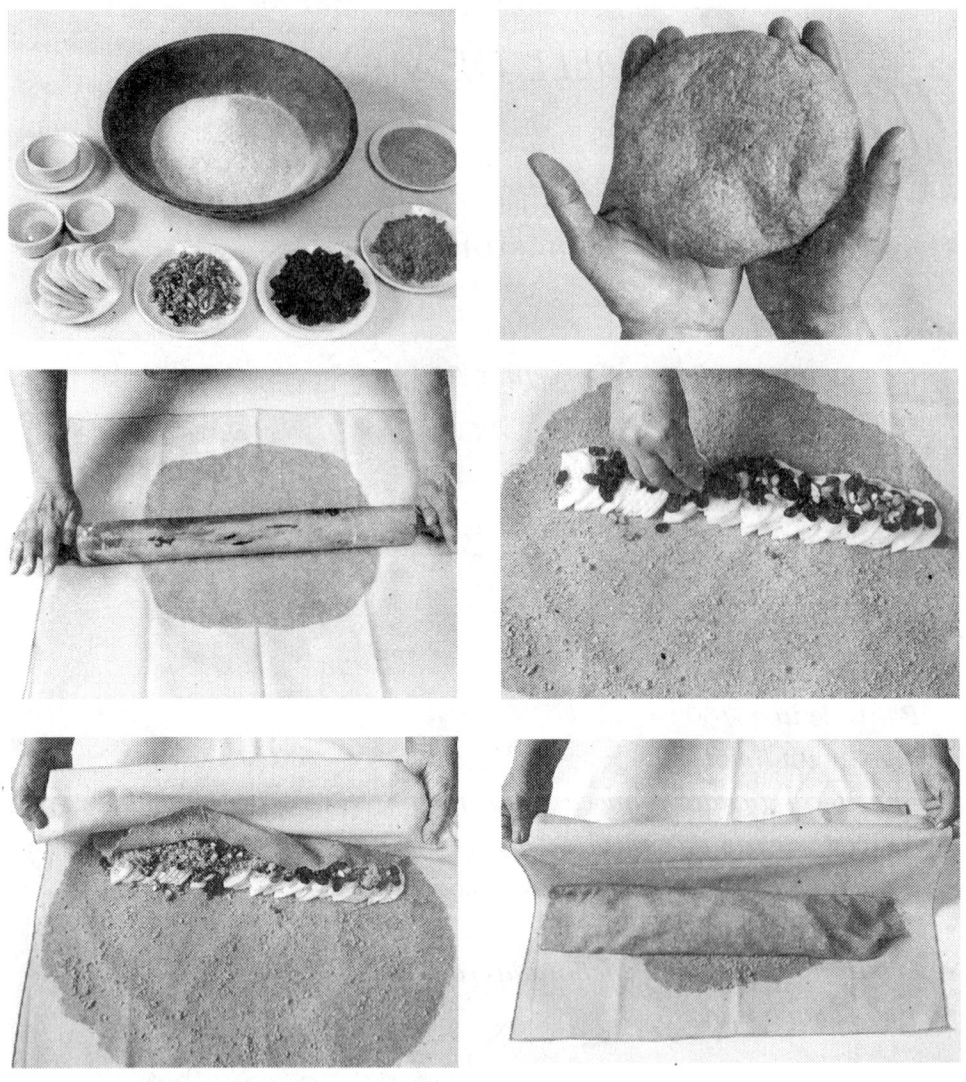

de la masa. Incorporar las pasas escurridas (previamente remojadas en el
jugo de limón), las almendras picadas y el azúcar integral mezclado con
el resto del rebozador y la canela.

4• Arrollar con la ayuda del lienzo y colocar en una fuente aceitada.

5• Cocinar en horno de temperatura media por 45 minutos. Al retirar, pintar con miel y espolvorear con canela o coco rallado.

PUDDING DE MANZANAS CON RESTOS DE PAN

INGREDIENTES

- Manzanas, 1 kg
- Jugo de un limón
- Miel, 3 cucharadas
- Canela, 1 cucharadita
- Pan integral, 1/2 kg
- Jugo de compota, 2 tazas (o jugo de uva o de manzana)
- Aceite, 2 cucharadas
- Pasas de uva, 3 cucharadas

PREPARACIÓN

1• Pelar las manzanas, quitarles las semillas y cortarlas en rodajas finas. Rociar las rodajas con el jugo de limón, la miel y la canela.
2• Aparte, desmenuzar el pan y remojarlo con el jugo de compota (debe quedar húmedo, pero no ensopado).
3• Aceitar un molde de budín y colocar en capas las manzanas, las pasas de uva y las migas de pan, de manera que la última capa sea de pan.
4• Rociar la superficie con un poco de aceite y miel y cocinar en horno de temperatura suave, durante 40 minutos.

$\mathscr{P}$UDDING DE SEMITA Y FRUTAS

INGREDIENTES

- *Duraznos desecados, 3*
- *Leche de soja, 1 litro*
- *Semita de maíz, 1 y 1/2 taza (o harina de maíz fina)*
- *Pasas de uva, 50 gr*
- *Almendras, 50 gr*
- *Vainilla natural, 1 cucharadita*
- *Miel, 3 cucharadas*
- *Huevo, 1 (optativo)*
- *Frutas frescas, cantidad necesaria (o compota de pelones)*

PREPARACIÓN

1 • Remojar previamente los duraznos cortaditos, en la leche de soja. Llevar al fuego y, cuando rompe el hervor, agregar la semita de maíz, revolviendo constantemente.

2 • Bajar la llama al mínimo y añadir las pasas, las almendras picadas y la vainilla. Cocinar a fuego muy lento, durante 15 minutos.

3 • Apagar, endulzar con la miel e incorporar el huevo batido. Humedecer con agua fría los moldes a usar (comporteras o tazones), verter adentro la preparación anterior y dejar enfriar.

4 • Desmoldar en platitos y servir rodeado de frutas frescas o compota de duraznos pelones.

SUGERENCIA

Conviene dejar varias horas en la heladera, antes de servir.

CREPES DULCES (PASTA BASE)

INGREDIENTES

- *Harina de trigo integral superfina, 2 tazas*
- *Harina de soja, 3 cucharadas*
- *Aceite, 3 cucharadas*
- *Huevos, 2*
- *Miel, 1 cucharada*
- *Bicarbonato de sodio, pizca*
- *Vainilla natural, gotas*
- *Agua, 3 tazas*

PREPARACIÓN

1 • Licuar las harinas junto con el aceite, los huevos, la miel, el bicarbonato, la vainilla y el agua. Retirar y dejar descansar 30 minutos.

2 • Pincelar con aceite una sartén, calentar y preparar los creps, vertiendo 3 cucharadas de pasta por vez.

3 • Dorar de ambos lados y reservar encimados.

Panqueques de Algarroba

A la pasta base de los creps dulces, agregarle 2 cucharadas de harina de algarroba.

Relleno
- Crema pastelera
- Frutas frescas
- Nueces picadas

Panqueques de Manzana

1• Preparar la pasta base para creps, agregándole 1 cucharada de miel. Aparte, cortar en rodajas 3 manzanas ácidas.

2• Colocar la pasta (3 cucharadas) en una sartén untada con aceite y caliente; cocinar de un lado, dar vuelta y cubrir con las manzanas en rodajas. Espolvorear con azúcar integral de caña. Tapar para que se ablanden las manzanas.

3• Servirlos cubriendo con charlotte de algarroba o caramelo suave.

Baño de Algarroba

1• Hacer un caramelo con 3 cucharadas de miel.

2• Cuando toma color, agregar 2 cucharadas de algarroba.

CANELA EN FLOR

INGREDIENTES

- *Harina de trigo integral superfina, 1/2 kg*
- *Bicarbonato de sodio, 1 cucharadita*
- *Canela, 2 cucharadas*
- *Ricota descremada, 100 gr*
- *Miel, 3 ó 4 cucharadas*

PREPARACIÓN

1• Mezclar en un bol la harina, el bicarbonato y la canela. Agregar la ricota previamente mezclada con la miel y unir bien hasta obtener una masa lisa.

2• Dejar descansar durante 30 minutos y amasar sobre una tabla de madera espolvoreada con harina. Tomar porciones y darles forma de cilindros gruesos.

3• Cortar medallones y ubicarlos en placas aceitadas y enharinadas.

4• Cocinar en horno de temperatura media, durante 10 minutos. Retirar y dejar enfriar sobre rejilla.

NOTA

Si la ricota es muy seca, agregarle algo de agua o leche de soja, hasta lograr la consistencia deseada.

TURRÓN MORENO

INGREDIENTES

- *Trigo sarraceno, 2 tazas*
- *Semillas de sésamo, 3 cucharadas*
- *Harina de algarroba, 2 cucharadas*
- *Almendras y nueces picadas, 1/2 taza*
- *Miel, 3 cucharadas*

PREPARACIÓN

1 • Tostar el trigo, revolviendo con cuchara de madera. Agregarle las semillas, los frutos secos y la harina de algarroba y tostar otros minutos.

2 • Mantener la miel al fuego, hasta lograr un caramelo suave e incorporarle la preparación anterior, revolviendo enérgicamente para evitar que se pegue.

3 • Acomodar sobre una placa humedecida, dándole la forma de turrón.

4 • Enfriar y cortar como se desee.

$\mathcal{T}$URRÓN DE MANÍ Y COPOS

INGREDIENTES

- *Aceite, 3 cucharadas*
- *Miel, 3 cucharadas*
- *Vainilla natural, gotas*
- *Maní tostado molido, 300 gr*
- *Copos de maíz, 200 gr*

PREPARACIÓN

1• Colocar en una cacerola, el aceite, la miel y la vainilla. Calentar hasta que se forme espuma.

2• Agregar el maní molido y revolver con cuchara de madera hasta que espese y tome color caramelo. Retirar del fuego e incorporar los copos, integrándolos bien a la preparación.

3• Volcar en una fuente rectangular humedecida, para darle forma. Enfriar y cortar como se desee.

POSTRE DE QUINOA Y FRUTAS

INGREDIENTES

- Semillas de quinoa, 1 taza
- Leche de soja, 1 litro
- Manzanas, 2
- Pasas de uvas, 2 cucharadas
- Ralladura de naranja, 1 cucharada
- Miel, 2 cucharadas
- Canela en polvo

PREPARACIÓN

1• Tostar la quinoa en una cacerola, durante 5 minutos. Agregar la leche y cocinar 15 minutos.

2• Añadir la fruta fresca cortada en cubitos, las pasas de uvas y la ralladura y dejar hervir durante 5 minutos más.

3• Apartar del fuego e incorporar la miel. Servir a gusto, frío o caliente, espolvoreando con canela.

$\mathcal{F}$ONDUE DE ALGARROBA Y FRUTAS

INGREDIENTES

- *Agua, 1 taza*
- *Harina de algarroba, 3 cucharadas*
- *Fécula de maíz, 1 cucharada*
- *Frutas frescas, 1/2 kg (o frutas desecadas cocidas al vapor)*
- *Miel, 2 cucharadas*
- *Ricota descremada, 100 gr (o crema de leche)*
- *Vainilla natural, gotas*

PREPARACIÓN

1• Poner al fuego el agua y añadir la algarroba y la fécula, previamente hidratada en un poco de agua. Cocinar durante 5 minutos.

2• Licuar la ricota junto con la vainilla e incorporar a la preparación anterior, agregando la miel y uniendo bien los ingredientes. Dejar hervir a fuego mínimo.

3• Preparar frutas variadas a gusto, en trocitos, pincharlas con tenedor o palillos y bañarlas en la fondue.

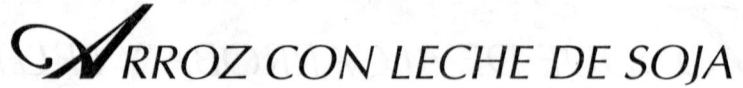

ARROZ CON LECHE DE SOJA

INGREDIENTES

- *Arroz integral cocido, 2 tazas*
- *Leche de soja, 1 litro*
- *Fécula de maíz, 1 cucharada (optativo)*
- *Miel, 3 cucharadas*
- *Canela, a gusto*

PREPARACIÓN

1• Mezclar el arroz con la leche de soja. Y mantener sobre fuego suave durante 10 minutos. Si se desea una consistencia más cremosa, adicionarle la fécula disuelta en un poco de agua fría. Continuar cocinando durante otros 5 minutos.

2• Retirar, endulzar con la miel y aromatizar con canela. Servir tibio o frío, como desayuno, merienda o postre.

NOTA

Para preparar Mazamorra con Leche, usar maíz partido cocido, en lugar del arroz integral.

FLAN DE ALGARROBA

- *Leche de soja, 1 litro*
- *Harina de algarroba, 1/2 taza*
- *Fécula de maíz, 1 taza*
- *Miel, 3 cucharadas*
- *Vainilla natural, gotas*
- *Agua, 1 taza*

PREPARACIÓN

1• Poner a hervir la leche con la vainilla.
2• Aparte, disolver la fécula y la harina de algarroba en el agua. Incorporar a la preparación anterior, cocinar 3 minutos a fuego lento (revolviendo bien) y retirar.
3• Endulzar con la miel. Disponer en moldecitos individuales y servir fríos, con un copete de crema o con caramelo de miel o de azúcar integral.

$\mathcal{F}$LAN PIOCA

INGREDIENTES

- Tapioca, 6 cucharadas
- Agua, 1 y 1/2 tazas
- Leche de soja, 1 litro
- Vainilla natural, gotas
- Agar-agar, 1 cucharada de postre o gelatina sin sabor
- Ralladura de limón, 1 cucharada
- Miel, 3 cucharadas
- Huevo, 1

PREPARACIÓN

1• Remojar la tapioca en el agua durante 2 horas.
2• Llevar al fuego la leche con la vainilla y la ralladura. Cuando rompe el hervor, agregar la tapioca remojada y cocinar a fuego suave durante 20 minutos.
3• Incorporar el agar-agar disuelto en 1/2 taza de agua y hervir por 3 minutos más. Retirar del fuego y añadir el huevo batido espumoso y la miel. Mezclar bien y tapar para que el huevo coagule.
4• Acaramelar con miel un molde de flan grande (o 6 pequeños) y verter la preparación. Cuando este frío, desmoldarlo y decorar a gusto con chantilly de ricota.

NOTA

Si se utiliza gelatina sin sabor, no es necesario hervir.

*B*OMBONES TROPICALES

INGREDIENTES

- *Maníes, 250 gr*
- *Pasas de uva sin semilla, 250 gr*
- *Pasta de maní, 2 cucharadas (o pasta de sésamo)*
- *Coco rallado, a gusto (o maní picado)*

PREPARACIÓN

1• Pasar los maníes y las pasas por la procesadora. Agregar la pasta de maní, mezclando bien.

2• Formar bolitas y pasarlas por el coco rallado. Disponer en pirotines.

3• Poner en la heladera, para que se endurezcan.

BOMBONES ORIENTALES

INGREDIENTES

- *Porotos aduki cocidos, 1 taza*
- *Harina de algarroba, 2 cucharadas*
- *Miel, 3 cucharadas*
- *Vainilla natural, gotas*

PREPARACIÓN

1• Procesar o pisar los porotos bien escurridos (aún calientes). Añadir la harina, la miel y la vainilla, mezclando bien.
2• Formar bolitas, disponer en pirotines y llevar a la heladera.

$\mathcal{M}$OUSSE DE FRUTILLAS

INGREDIENTES

- *Frutillas, 1/2 kg*
- *Ricota descremada, 200 gr*
- *Miel, 3 cucharadas*
- *Claras, 2*

PREPARACIÓN

1• Lavar las frutillas (reservando algunas para decorar) y licuarlas con la ricota y la miel.

2• Batir las claras a nieve. Incorporarlas al licuado, mezclando con suaves movimientos envolventes.

3• Verter en moldes y llevarlos al congelador. Para evitar que se cristalice, mezclar antes de congelar. Servir en copas, adornando con las frutillas reservadas.

$\mathcal{H}$ELADO DE DURAZNOS

INGREDIENTES

- *Duraznos, 1 kg (maduros)*
- *Crema de leche, 200 cm3*
- *Miel, 3 cucharadas*
- *Claras, 2*

PREPARACIÓN

1• Licuar los duraznos junto con la crema y la miel.
2• Batir las claras a punto nieve e incorporarlas al licuado, mezclando suavemente con movimientos envolventes.
3• Verter en moldes y llevarlos al congelador hasta el momento de servir.

SUGERENCIA

Se pueden variar los sabores, usando distintas frutas de estación.

ℋELADO DE NUECES

INGREDIENTES

- *Leche de soja, 1/2 litro*
- *Agar-agar*, 1 cucharadita*
- *Yemas, 2*
- *Claras a nieve, 2*
- *Fécula de maíz, 2 cucharadas*
- *Miel, 3 cucharadas*
- *Nueces picadas, 50 gr*

PREPARACIÓN

1• Licuar la leche de soja con el agar-agar, las yemas y la fécula. Llevar sobre fuego suave a baño de María hasta que espese, revolviendo con cuchara de madera.

2• Retirar e incorporar la miel, las nueces y las claras batidas a nieve, con suaves movimientos envolventes. Verter en moldes y llevarlos al congelador, hasta que esté a punto de congelarse.

3• Retirar y batir, para evitar que se cristalice. Guardar nuevamente en el congelador, hasta el momento de servir.

NOTA

*Puede sustituirse por gelatina sin sabor.

$\mathscr{F}$RUTA AL VAPOR

INGREDIENTES

- *Duraznos, 1 kg*
- *Agua, 250 cm3*
- *Agar-agar*, 1 cucharadita*
- *Miel, 1 cucharada*

PREPARACIÓN

1• Lavar los duraznos y disponerlos parados en una cacerola. Adicionarles el agua, mezclada con el agar-agar y rociar con la miel.
2• Tapar y cocinar a fuego suave, de 5 a 10 minutos. Apagar y dejar enfriar, sin destapar.
3• Servir, cubriéndolos con el líquido de cocción como si fuese almíbar.

NOTA

También pueden emplearse peras, damascos, manzanas, etc.
*Puede sustituirse por gelatina sin sabor.

MAZAPÁN

INGREDIENTES

- *Miel, 1 taza o azúcar integral de caña*
- *Almendras, 1/2 taza (o nueces)*
- *Maníes, 1/2 taza*
- *Pasas de uva, 1/2 taza*
- *Restos de pan, 1/2 kg (o de budín o torta)*
- *Líquido de compota, cantidad necesaria*
- *Agar-agar, 1 cucharada o gelatina*
- *Vainilla natural, 1 cucharada*
- *Claras, 3*

PREPARACIÓN

1• Llevar la miel sobre fuego suave. Agregar las almendras y maníes picados, las pasas, el pan desmenuzado en agua y el agar-agar hidratado en un poco de agua fría.

2• Perfumar con la vainilla, revolviendo con cuchara de madera. Cocinar 10 minutos. Adicionar las claras a punto de nieve, mezclando suavemente, y cocinar unos minutos más. Apagar.

3• Verter en una fuente humedecida y dejar enfriar. Cortar en trozos y envolverlos en papeles decorativos.

DULCE DE CIRUELAS

INGREDIENTES

- Ciruelas desecadas, 1/2 kg
- Miel, 1 cucharada
- Ralladura de 1 limón, 1 cucharada
- Agar-agar, un cucharadita

PREPARACIÓN

1• Remojar las ciruelas, previamente. Retirar los carozos y licuar con el agua de remojo. Llevar a fuego suave y cocinar durante 5 minutos.
2• Incorporar el agar-agar previamente disuelto en un poco de agua fría, revolviendo con cuchara de madera, para evitar que se pegue. Cocinar durante 5 minutos más, hasta obtener la consistencia de mermelada.
3• Retirar y agregar la miel y la ralladura.

DULCE DE BATATAS MOLDEADO

INGREDIENTES

- Batatas, 1 kg
- Zapallo calabaza, 250 gr
- Agua, 1/2 litro
- Vainilla natural, 1 cucharadita
- Agar-agar, 1 cucharada
- Miel, 3 cucharadas

PREPARACIÓN

1• Pelar las batatas y el zapallo, cortarlos en cubos y ubicarlos con el agua en un recipiente. Cocinar hasta que estén tiernos.

2• Licuar con el líquido de cocción necesario hasta obtener una crema y verter en una cacerola, perfumando con la vainilla. Llevar a fuego suave, revolviendo con cuchara de madera, hasta que rompa el hervor.

3• Adicionar el agar-agar, disuelto en un poco de agua fría, y continuar cocinando, sin dejar de revolver, durante 5 minutos más. Retirar del fuego e incorporar la miel, mezclando bien.

4• Verter en un molde humedecido con agua o pincelado con aceite. Dejar enfriar y desmoldar. Servir cortado en porciones, acompañado, si se desea, con queso descremado o ricota.

NOTA

Se le agrega zapallo para lograr mejor color.

DULCE DE ZAPALLO MOLDEADO

INGREDIENTES

- *Zapallo calabaza, 1 kg*
- *Clavos de olor, 3*
- *Agua, 250 cm3*
- *Vainilla natural, gotas*
- *Agar-agar, 1 cucharada*
- *Miel, 3 cucharadas*

PREPARACIÓN

1 • Pelar el zapallo y cortarlos en cubos. Ubicar en una cacerola, con los clavos de olor y el agua, y cocinar hasta que esté tierno.

2 • Retirar y dejar entibiar. Licuar, perfumando con la vainilla. Verter en la cacerola nuevamente y, cuando rompe el hervor, añadir el agar-agar disuelto en un poco de agua fría.

3 • Continuar cocinando hasta que hierva (5 minutos más), revolviendo con cuchara de madera. Retirar y endulzar con la miel.

4 • Verter en un molde humedecido con agua o pincelado con aceite. Dejar enfriar y desmoldar.

DULCE DE POROTOS ADUKI

INGREDIENTES

- *Porotos aduki cocidos, 2 tazas*
- *Líquido de cocción de los porotos, cantidad necesaria*
- *Miel, 1/2 taza*
- *Vainilla natural, a gusto*
- *Ralladura de naranja, 1 cucharadita*

PREPARACIÓN

1• Licuar los porotos aún calientes, con la miel, adicionando parte del líquido de cocción. Retirar y cocinar a fuego suave junto con la vainilla, hasta lograr la consistencia deseada, revolviendo con cuchara de madera, para que no se pegue.

2• Retirar, perfumar con la ralladura y dejar enfriar.

CHANTILLY DE RICOTA

INGREDIENTES

- *Ricota descremada, 400 gr*
- *Miel, 2 cucharadas*
- *Vainilla natural, gotas*

PREPARACIÓN

1• Batir la ricota con la miel. Perfumar con la vainilla y utilizar.

SIRVIENDO JUNTOS

*S*omos grupos humanos que se unen buscando vivir mejor. La alimentación corriente, la información dirigida, los problemas de salud, los psicológicos, las exigencias económicas, la angustia que supone vivir en un mundo que no ofrece seguridad de ninguna índole, promueven la búsqueda y, como la respuesta al que busca siempre llega, nos vamos uniendo.

La excusa son los cursos de cocina, los talleres, la asistencia a gente en situación de carencia, pero la Realidad es otra: somos portadores de la Buena Nueva, y esa Buena Nueva estuvo siempre en todos nosotros.

Tenemos que re-conocer y caminar, y tenemos que brillar, para que muchos otros tengan la oportunidad de acompañar y despertar.

Somos una enorme caravana "luminosa", que desvanece toda oscuridad; somos nosotros la Luz que baña, entibia, limpia, cura nuestros propios aspectos negativos.

No existe nada ajeno, todo nos pertenece. Hagamos un mundo donde la Paz, la Alegría y el Amor compartido se derramen.

Gracias, Padre.

GLOSARIO

Aceitunas:	Frutos del olivo.
Acelga:	Verdura de hoja.
Aduki o azuki:	Alubias coloradas japonesas. Poroto original del Japón, muy usado en la cocina macrobiótica, por su bajo contenido en grasas y su riqueza en minerales y proteínas. El agua de cocción es muy indicada en afecciones renales.
Agar-agar:	Gelatina natural de algas.
Ajíes:	Morrones.
Akusay:	Verdura originaria de Japón, de sabor suave.
Alcauciles:	Alcachofas.
Arvejas:	Guisantes.
Bananas:	Plátanos.
Chauchas:	Judías verdes.
Crema de leche:	Nata.
Duraznos/pelones:	Melocotones.
Escarola:	Planta herbácea para ensaladas.
Frutillas:	Fresas.
Gomasio:	(Del japonés: *goma* = sésamo, *sio* = sal). Es la combinación de estos dos elementos: 15 partes de sésamo y 1 de sal, tostada ligeramente en cacerola seca y luego molida. Sirve como condimento del arroz integral, ya que con la combinación del arroz integral y el gomasio, se consumen proteínas completas.

Locro:	Potaje.
Maíz paraguayo:	Variedad de harina de maíz molido fino.
Mijo:	Cereal nutritivo que se consume pelado.
Nituke:	Cocción al vapor.
Papas:	Patatas.
Porotos:	Alubias.
Repollo:	Col.
Ricota:	Requesón.
Semita de maíz:	Harina de maíz molida muy fina.
Tofu:	Queso de soja.
Trigo Burgol:	Trigo integral partido con un precocido. que le da sabor muy agradable.
Zapallito:	Calabacín.
Zapallo:	Calabaza.

INDICE

Panificados

Ensaladas, patés, entremeses y canapés

Sopas, guisos, cazuelas, potajes

Vegetales rellenos, croquetas, hamburguesas

Pastas

Salsas

Tartas, budines, soufflés y tortillas

Pizzas, empanadas y arrollados

Variedades Dulces: Facturas, tortas, budines pasteles, tartas, postres

ÚNASE A NOSOTROS EN ESTAS TAREAS QUE REALIZAMOS

Instituto Nutricional "La Esquina de las Flores"
Centro de Formación educativa donde se dictan cursos gratuitos, conferencias, charlas y talleres sobre alimentación natural, ecología, arte, cultivos orgánicos, espiritualidad, calidad de vida. Asesoramiento y ayuda a distintas instituciones (escuelas, hospitales, geriátricos, etc.) para la incorporación de la alimentación sana y económica. Formación de colaboradores para que asesoren a instituciones. Plan Solidario de Alimentación con soja.

• "La Casa de Andrés": Hogar de Crianza.
• Taller de costura, tejido y reciclado de ropa para donaciones a zonas carenciadas del país.
• Samaritanos
Grupo de voluntarios para la asistencia a enfermos en el hospital Muñiz (HIV), a ancianos en los hogares Rawson y San Martín y además a personas necesitadas, en forma domiciliaria. Caminatas terapéuticas con ciegos.
• Apoyo a la biblioteca para ciegos su editora nacional braille Julián Vaquero.
• Donación de alimentos, ropa, útiles escolares, etc., a escuelas, hogares, instituciones y zonas carenciadas del país.
• Encuentros de oración y estudios reflexivos.

Informes:

Asociación Civil sin Fines de Lucro
La Esquina de las Flores
Presidente Angela B. Bianculli de Rodríguez

Inspección General de Justicia – Resolución N° 918
Registro de Organizaciones de Acción Comunitaria N° 1747
Registro Nacional Obligatorio de ONG N° 8632-B

Av. Córdoba 1587 – Tel: 4811-4729 / Fax: 4813-3630
Gurruchaga 1630 – Telefax: 4832-8528
Camarones 1500 – Tel: 4583-5649
E-mail: angelita@esquinadelasflores.com.ar
www.esquinadelasflores.com.ar

**Este libro se terminó de imprimir
en febrero de 2003. Tel.: (011) 4204-9013
Gral. Vedia 280 Avellaneda Buenos Aires - Argentina
Tirada 3000 ejemplares**